Une Belle Cérémonie

Le guide pour créer et rédiger une cérémonie de mariage

CLAIRE BAY

ISBN-10: 1544719396
ISBN-13: 978-1544719399

AVANT PROPOS

Cet ouvrage se présente comme un guide pratique pour concevoir et rédiger une cérémonie de mariage. Il s'adresse aux futurs mariés ou à leurs proches qui souhaitent mener à bien cet exercice unique qui consiste à trouver les mots pour parler de l'engagement de deux personnes.

Dans cet ouvrage, j'ai couvert tous les sujets qui me tiennent à cœur en tant qu'officiante : comment connaître le couple et identifier les messages de la cérémonie, quelles méthodes employer pour rassembler les idées et rédiger les textes, comment aider les mariés à se préparer non seulement à cette cérémonie mais aussi à leur mariage en général grâce à une réflexion sur la préparation au mariage. Ce livre s'adresse donc aux mariés, à leurs proches et même à leur officiant.

Vous y trouverez des exercices, des conseils, des exemples et des outils pratiques pour vous projeter, imaginer et rédiger votre cérémonie de mariage.

De plus, cet ouvrage inclut, dans leur intégralité, deux guides publiés indépendamment : « Les vœux de mariage » (destinés aux futurs mariés qui veulent écrire des vœux personnels) et « Lectures et discours de cérémonie » (destinés aux proches qui souhaitent intervenir pendant une cérémonie). Il complète ainsi une trilogie, résultat de cinq années de travail, de recherches et d'accompagnements de mariés.

TABLE DES MATIERES

LIVRE II

RÉDIGER UNE CÉRÉMONIE

LIVRE V

LES RITUELS SYMBOLIQUES 157

LIVRE VI

STRUCTURER ET ORGANISER UNE CÉRÉMONIE 177

REMERCIEMENTS

J'ai eu la chance, dans ce travail de rédaction, de bénéficier de beaucoup de soutien. Mon mari n'a cessé de croire en moi et en mon projet. Les mariés qui m'ont confié leur cérémonie m'ont prise pour confidente et m'ont fait découvrir des centaines de façons d'être un couple et de s'engager. Mes consœurs officiantes ont partagé leurs réflexions et leurs pensées avec moi. Nous avons tous accordé beaucoup de passion, d'énergie et de neurones à non pas redéfinir le mariage, mais à réellement découvrir de quoi il s'agissait.

Merci donc à toutes ces personnes.

LIVRE I

Préparation au mariage

I.1 QU'EST-CE QUE LA PRÉPARATION AU MARIAGE ?

La préparation au mariage est un héritage de la tradition chrétienne que les mariés s'approprient de plus en plus en dehors de tout contexte religieux. Il s'agit d'une réflexion du couple sur leur projet de vie commune. Dans le cadre d'une préparation religieuse, l'objectif est de répondre aux grandes questions de la vie de couple et de rédiger une lettre d'intention. Cette lettre d'intention n'est pas très différente des vœux rédigés par les mariés pour une cérémonie laïque. L'objectif dans tous les cas est le même : réfléchir au sens que les mariés donnent à leur mariage et ouvrir une discussion sur ce grand chapitre qui s'ouvre pour eux.

1. QUELS SONT LES SUJETS ABORDÉS ?

Enfants, fidélité, valeurs... les sujets de la préparation au mariage sont classiques. Mais l'exercice ne consiste pas à répondre à une liste de questions, il s'agit plutôt de s'engager dans une réflexion en couple pour ouvrir un chemin de communication qui restera présent durant toute la vie.

Le mariage est une occasion unique de prendre le temps de se poser à deux et d'observer son couple.

Souvent, en faisant cet exercice, les futurs mariés commencent par lister tout ce qu'ils aiment dans leur relation : ce qui fonctionne bien, les raisons pour lesquelles ils veulent partager leur vie, ce que l'autre leur apporte et ce qu'ils aiment lui apporter... Toutes ces choses se retrouvent régulièrement dans les vœux de mariage et c'est pour cette raison que les vœux de mariage ressemblent souvent à une déclaration d'amour.

Mais la préparation au mariage signifie que les futurs mariés saisissent cette occasion d'observer leur couple pour se poser certaines questions très concrètes afin de voir si leurs souhaits et leurs valeurs sont en phase.

Ces questions peuvent être :
Pourquoi voulez-vous vous marier ? Quel sens cet engagement a-t-il à vos yeux ? Comment voyez-vous votre couple dans 40 ans ? Qu'est-ce qui pourrait briser votre mariage et comment allez-vous le préserver ? Quels sont vos points de vue respectifs sur la fidélité, l'éducation des enfants et les valeurs à leur transmettre ? Savez-vous parler ensemble de votre sexualité, de votre épanouissement personnel, des sujets difficiles ou qui vous embarrassent ?

Les questions abordées dépendront de chaque couple, l'essentiel étant d'essayer de parler de tout ce que l'on pourrait avoir sur le cœur.

2. S'ÉQUIPER POUR LA VIE MARITALE

Un autre volet de la préparation au mariage est ce que les américains appellent le « pre-marital counselling » : il s'agit d'une sorte de coaching des mariés pour se préparer à la vie maritale.

Aux Etats-Unis, ce « counselling » se prépare en tête à tête avec l'officiant (religieux ou non) ou avec un psychologue de couple. En France, lors de la préparation au mariage à l'église, des conseils sont donnés aux futurs mariés dans le cadre de rencontres en groupe. Des couples mariés volontaires rencontrent de jeunes futurs mariés et partagent avec eux leurs expériences et points de vue sur le mariage.

Dans mes recherches, j'ai échangé avec de nombreux couples qui étaient mariés depuis 10, 20 et même 30 ans. Ce qui m'a paru évident, c'est qu'il n'existe pas une seule recette du bonheur. Chaque couple trouve son équilibre et définit son fonctionnement. Et là est tout l'art de la vie à deux : construire un équilibre dans lequel le couple est heureux et chaque individu épanoui.

Vivre 10 ans, 20 ans, 30 ans avec une même personne est une sorte de marathon de l'amour et nécessite des bases solides et un fonctionnement sain.

Ainsi, la préparation au mariage n'a pas pour but de résoudre tous les problèmes potentiels ou à venir de la vie maritale. Il s'agit de se donner un temps de réflexion et éventuellement se constituer quelques outils, afin qu'à travers les différentes étapes de la vie, le couple évolue en harmonie à travers les années.

En prenant le temps de réfléchir à leur couple, les futurs mariés donnent un tout autre sens à leur engagement, au-delà des festivités de la journée de mariage. Ils vivent cette étape de leur vie de manière encore plus intense en prenant conscience de l'importance de la grande aventure qui les attend.

I.2 ORGANISER UNE SESSION DE PRÉPARATION AU MARIAGE

Les futurs mariés peuvent organiser par eux-mêmes une ou plusieurs sessions de préparation au mariage avec d'autres couples ou avec leurs témoins. Ces sessions se déroulent dans les 12 mois précédant le mariage et trouvent ainsi leur place au milieu des préparatifs plus festifs (thème de la décoration, choix des faire-part, liste des invités…).

Chaque session dure environ 45 minutes et couvre un thème précis. Les pages qui suivent vous suggèrent quelques exercices à réaliser au cours de ces séances.

EXERCICE 1 : LA PROPHÉTIE AUTO-RÉALISATRICE

Cet exercice fait appel à la force de la volonté. Nous vivons généralement notre vie au fil de l'eau, en subissant les évènements et en réagissant avec les outils à notre disposition.

Il existe pourtant une alternative : au cours de cet exercice, vous discutez de ce que vous aimeriez que votre vie soit afin que cette vision se réalise.

Déroulement de l'exercice

Commencez chacun par rédiger vos souhaits et objectifs sur un papier.

Par exemple :

- Je souhaite que l'on soit un couple qui puisse parler de tout, même quand il s'agit d'un sujet difficile à aborder ou même si j'ai honte de ce que je ressens.
- Je souhaite que l'on apprenne à s'épanouir chacun de notre côté (en plus de notre épanouissement de couple) dans un respect de nos individualités.

Puis vous vous asseyez et partagez vos notes. Dans cet exercice, lorsqu'une personne s'exprime, l'autre écoute attentivement et essaie de comprendre. Pour cela, il / elle peut poser des questions, mais il est préférable d'éviter d'entrer dans un débat d'idées. Ainsi, chacun valorise les souhaits de l'autre et leur accorde une place dans le projet de couple.

En cas de désaccord profond, une deuxième partie de cet exercice peut se dérouler à l'écrit. Chacun de son côté écrit :

Pour la personne dont le souhait est remis en question :
- Mon souhait est que…
- C'est important pour moi, car ça répond à un besoin profond de…
- J'ai l'impression que ce qui te gène est…

Pour la personne qui n'arrive pas à adhérer au souhait de l'autre :
- Selon ma compréhension, tu souhaites…
- Ceci entre en conflit avec mon besoin de…
- J'aimerais que l'on trouve un compromis en…

Comment formuler ses souhaits ?

Cet exercice est possible uniquement si vous parvenez à rédiger des souhaits précis. Pour formuler un souhait, projetez-vous dans votre avenir - dans 20 ans par exemple - peut-être avec des enfants si vous y pensez.

Dans cet avenir :

- que souhaitez-vous avoir réalisé ?
- quel accomplissement vous tient à cœur ?
- comment voyez-vous votre couple idéalement ?
- que redoutez-vous ?
- quels travers souhaitez-vous éviter ?

Si vous choisissez de réaliser cet exercice en groupe, ne jugez surtout pas les souhaits des autres participants. Leur témoignage, même s'il ne correspond pas à votre projet de vie, sera une aide précieuse dans votre réflexion.

Une fois l'exercice terminé, notez les souhaits dont vous avez discuté. Au fil de vos années de mariage, vous pourrez relire cette liste de temps à autre pour voir si vous tenez le cap ou si votre vision a évolué.

EXERCICE 2 : ENCORE MIEUX SE CONNAÎTRE

Lorsque l'on partage son quotidien avec quelqu'un, on pense que l'on sait tout sur cette personne, sur sa manière de voir les choses et sur ce qui lui tient à cœur. En psychologie, on appelle ça un biais cognitif : notre rationalité et notre logique sont en défaut et nous masque des réalités. Parmi les biais cognitif les plus courants, on trouve les comportement suivants :

- Nous voyons plus facilement les défauts chez les autres que chez nous-même.
- Nous sommes attirés par les informations qui confirment nos croyances déjà existantes.
- Nous modifions et renforçons nos souvenirs des évènements après les faits : en d'autres termes, nous ré-écrivons l'histoire.
- Et surtout, nous pensons que nous savons ce que les autres pensent.

Cela est encore plus vrai en couple, car notre partenaire est une personne dont nous connaissons l'intimité, qui a partagé avec nous un grand nombre de réflexions et dont nous avons vu les réactions dans de nombreux contextes. C'est pourquoi nous sommes certains de les connaître parfaitement, au risque de projeter nos propres goûts et désirs sur eux.

L'exercice qui suit consiste à discuter ouvertement autour de questions pratiques - dont nous pensons sûrement connaître les réponses - mais qui méritent tout de même une conversation.

Installez-vous confortablement et lisez les questions suivantes. Donnez-vous le temps de chacun donner votre avis sur le sujet. Attention à ne pas être fermé d'esprit ou autoritaire sur une question. Cet exercice est avant tout un exercice d'exploration et de communication.

N'essayez pas non plus de couvrir toutes les questions d'une seule traite, abordez-les par série de 3 à 5 questions par jour au maximum.

1. Avons-nous discuté de la question des enfants : souhaitons-nous en avoir et, si la réponse est oui, jusqu'où chacun de nous s'impliquera (quand il faudra le récupérer d'urgence à la crèche, participer aux réunions de parents d'élève…) ?

2. Avons-nous une idée claire de nos responsabilités financières respectives ; et sommes-nous d'accord sur la manière de dépenser et économiser notre argent ?

3. Avons-nous discuté de nos attentes quant à l'entretien de la maison, et sommes-nous d'accord sur la réalisation des corvées ?

4. Est-ce que ma moitié me montre de l'affection à la hauteur de mes attentes ?

5. Pouvons-nous discuter de manière ouverte de nos besoins sexuels ainsi que de nos préférences et inquiétudes ?

6. Aurons-nous une télévision dans la chambre ?

7. Est-ce que nous nous écoutons l'un l'autre avec attention tout en considérant les idées et plaintes de l'autre ?

8. Est-ce que je comprends pleinement les croyances de ma moitié et avons-nous discuté de comment nos enfants seront exposés à la religion et à la morale ?

9. Est-ce que nous aimons et estimons nos amis respectifs ?

10. Est-ce que nous considérons et respectons nos parents respectifs ?

11. L'un de nous est-il inquiet que les parents de l'un ou de l'autre interfère dans la relation ?

12. Qu'est-ce que ma famille fait et qui t'embête ?

13. Y a-t-il des choses que toi ou moi ne sommes pas prêts à sacrifier pour notre mariage ?

14. Si l'un de nous a une opportunité de carrière dans un lieu éloigné d'une de nos familles, envisagerions-nous de déménager ?

15. Sommes-nous tous les deux absolument confiants dans l'engagement de l'autre et pensons-nous que notre lien peut réellement survivre à toutes les épreuves ?

Il n'y a pas de mauvaise réponse aux questions ci-dessus et vos réponses peuvent évoluer dans le temps.

En cas de désaccord profond, vous pouvez poursuivre l'exercice à l'écrit. Prenez le point qui vous met en désaccord et notez vos raisons personnelles de préférer une solution plutôt qu'une autre. Ne parlez pas de l'autre, mais uniquement de vous-même et de vos besoins.

- Ceci est important pour moi car
- Ça m'apporte / ça me retire…
- J'ai besoin de…

Le travail à l'écrit permet d'approfondir sa réflexion hors de tout débat potentiellement émotionnel. Vous pourrez ensuite reprendre votre discussion avec quelques faits et arguments qui aideront votre partenaire à mieux comprendre votre point de vue.

EXERCICE 3 : CRÉER UN LIEN AVEC SON TÉMOIN

Historiquement en France, la présence de témoins de mariage est obligatoire pour signer les registres, mais ce rôle a évolué à travers les époques et aujourd'hui, choisir ses témoins est devenu une décision affective.

Avec l'évolution des traditions, le rôle du témoin de mariage a également changé. Suivant les tendances d'outre-mer de « bridesmaid » et « groomsmen » les témoins sont impliqués dans l'organisation du mariage. De l'enterrement de vie de jeune fille ou de garçon aux discours de la soirée, ils sont présents à toutes les étapes prenant presque une casquette d'organisateurs événementiels.

Pourtant le rôle du témoin se poursuit bien au-delà de la journée de mariage et cet exercice a pour but de mener votre réflexion sur ce sujet.

Donnez-vous rendez-vous en tête à tête entre futur(e) marié(e) et témoin, et discutez des affirmations suivantes. Vous semblent-elles vraies et comment les compléteriez-vous ou quelles modifications apporteriez-vous ?

- Les témoins sont aux côtés des mariés pour affirmer leur soutien dans cette union et pour aider le couple à surmonter les difficultés que la vie pourrait leur présenter.

- Les témoins sont des garants extérieurs de la solidité du couple. En temps de crise (même toute petite), les mariés peuvent se tourner vers leurs témoins et trouver une aide.

- Des mariés en difficultés ne peuvent pas se confier à n'importe qui, mais le témoin est une oreille qui ne juge pas et qui ne voit pas la fin du couple dans chaque crise.

- Le témoin est une personne à qui l'on peut réellement s'ouvrir et se montrer sous son vrai jour, même quand c'est difficile.

- Le témoin connaît le couple que forme les mariés et croit fortement en leur solidité.

- Votre témoin s'ouvre aussi à vous en temps de crise, c'est une relation réciproque de confiance et de confidence.

- Votre témoin partage la même vision que vous du rôle de témoin.

A partir de ces affirmations et de vos réflexions, notez votre vision commune de la relation entre marié(e) et témoin. Ce rôle pourra être évoqué lors de la cérémonie ; et vous pourrez même choisir d'avoir vos témoins debout à vos côtés pendant l'échange des vœux ou des alliances, en signe de leur investissement dans leur rôle.

EXERCICE 4 : LES 3 MOMENTS

Cet exercice de couple a été partagé avec moi par deux jeunes mariés qui l'avaient fait lors de leur préparation au mariage à l'église. Il consiste à réfléchir à 3 moments de votre passé où vous avez ressenti du soutien ou de l'abandon de la part de votre partenaire. Il ne s'agit pas de critiquer son partenaire, mais plutôt de ne laisser aucune blessure ouverte.

Préparez cet exercice chacun de votre côté. Donnez-vous réellement du temps : cet exercice peut nécessiter quelques jours voire quelques semaines de réflexion.

Sur un papier, notez :

- "Quand il/elle a fait ça, je me suis sentie aimé(e)"
- " Quand il/elle a fait ça, je me suis sentie délaissé(e)"

Parfois, on fait du mal à l'autre sans même s'en rendre compte, ni jamais se le dire. Cet exercice est l'occasion de parler de ce qui peut nous heurter ou nous faire souffrir. Un couple repose sur un effort réciproque d'apprentissage et d'évolution permanents. Cet exercice permet de voir ce que l'on peut faire pour l'autre et non uniquement si l'on obtient ce que l'on veut de la relation.

EXERCICE 5 : RENCONTRES ENTRE COUPLES

Si vous connaissez d'autres couples qui souhaitent faire quelques sessions de préparation au mariage collectives, vous pouvez vous réunir 4 ou 5 fois au cours de l'année précédant votre mariage autour de soirées de discussion. Ces sessions sont en soi un exercice d'écoute et d'ouverture à l'autre. Les thèmes suivants pourront vous aider à préparer ces séances :

1. Témoignage d'un couple solide

   Si vous connaissez un couple marié depuis de nombreuses années et dont le témoignage pourrait vous inspirez, vous pouvez les inviter à partager leur vécu lors d'une soirée. Ils pourront par exemple partager leur vision d'un mariage solide, les valeurs sur lesquelles ils se sont reposés et les techniques qu'ils ont trouvées pour faire face aux difficultés.

   Les couples de futurs mariés présents pourront poser leurs questions ou partager leur point de vue sur chaque question.

2. Discussions libres

   Les questions de l'exercice 2 peuvent être utilisées en session de groupe afin de voir comment d'autres couples voient les choses et communiquent entre eux. Choisissez une à trois questions pour une séance et laissez un temps de parole aux couples qui souhaitent en discuter à voix haute. Les autres participants observent sans intervenir et pourront en discuter à leur tour ensuite. Chaque échange devrait être limité à 10 minutes par couple.

Lors de ces séances collectives, n'obligez aucun couple à s'exprimer sur une question s'il ne semble pas avoir envie de s'ouvrir aux autres. De même, ce n'est pas parce qu'un couple a été très ouvert lors d'une séance précédente qu'il est tenu de l'être aux séances suivantes. Ces rencontres doivent rester bienveillantes et respecter les souhaits de chacun.

Nous avons beaucoup à apprendre les uns des autres. J'ai moi-même personnellement beaucoup appris des témoignages de futurs mariés lors de la préparation de cérémonies ou quand je les aidais à écrire leurs vœux. Il existe de nombreuses manières de voir son couple et de fonctionner à deux : ces échanges peuvent être très enrichissants et même être source de discussions dans l'intimité de votre couple.

3. Partage autour de lectures

Certaines séances peuvent se baser sur des lectures. Par exemple, un des membres, qui a lu un livre spécialisé sur le sujet du couple ou du mariage, présente un résumé du message principal et de ce qu'il a trouvé intéressant dans ce livre. S'en suit un débat d'idées où chacun peut donner son avis. Il est important lors de ce débat de dire « Je » et non « Nous » pour ne pas mettre des mots dans la bouche de son partenaire.

Voici une suggestion d'ouvrages qui peuvent servir de base à ce type de sessions :

Les langages de l'amour
Gary Chapman - Edition Farel – 248 pages

« Si nous voulons communiquer efficacement avec des personnes d'autres cultures, nous devons apprendre leur langue. Il en va de même dans le domaine de l'amour. Le langage de votre amour sentimental et celui de votre conjoint peuvent être aussi différents que le chinois l'est du français. »

Les hommes viennent de Mars, les femmes viennent de Vénus
John Gray – Edition J'ai lu – 342 pages

« Mars, dieu de la Guerre, Vénus, déesse de l'Amour : les deux sexes se ressemblent peu dans leur manière d'agir et d'exprimer leurs sentiments. Des années d'expérience conjugale ont permis à John Gray d'analyser ces différences pour en faire une source d'enrichissement mutuel plutôt que de conflit. »

Ce que j'aurais aimé savoir avant de me marier
Gary Chapman – Edition Ourania – 192 pages

« Saviez-vous qu'être amoureux ne suffit pas pour construire un mariage heureux ? Que l'amour comporte deux phases et qu'il faut savoir passer de l'une à l'autre ? Que le proverbe « Telle mère, telle fille ; tel père, tel fils » n'est pas un mythe ? Qu'en vous mariant, vous épouserez non seulement la personne que vous aimez mais aussi sa famille ? Que vous soyez célibataire ou que vous envisagiez le mariage, ce livre vous aidera à réfléchir à différentes questions qu'il vaut mieux se poser avant. Et pour ceux qui se sont déjà dit « oui », il sera une bonne occasion de *faire le point* ! »

CONCLUSION

Ces séances de préparation au mariage permettent de s'ouvrir à la discussion mais ne sont en aucun cas un programme complet de formation à la vie maritale. Si la question d'efforts sur votre couple vous tient à cœur, ce travail durera toute votre vie et vous reviendrez peut-être sur ces exercices même après plusieurs années de mariage.

Le reste du travail, et notamment la rédaction de votre cérémonie, sera une traduction de votre couple, de vos réflexions et de vos valeurs. En un sens, la rédaction de votre cérémonie est le plus grand exercice de votre préparation au mariage.

I.3 LA LIGNE DIRECTRICE DE NOTRE CÉRÉMONIE

Que vous écriviez vous-même votre cérémonie ou que vous confiez cette tâche à un proche ou à un officiant, vous aurez besoin de choisir une ligne directrice. Il s'agit surtout de savoir ce que vous souhaitez ressentir pendant la cérémonie et comment vous comptez vivre le moment.

Il est vraiment important que les deux futurs mariés se sentent investis dans la création de la cérémonie. Il s'agit de *leur* cérémonie. Ce n'est ni celle de l'officiant, ni celle des invités. Hélas, la cérémonie a parfois une image d'obligation et de devoir de représentation. Certains mariés ne se sentent pas à l'aise car ils se sentent trop mis en avant dans leur « rôle » de marié(e).

Je vous propose donc, à travers les exercices suivants, de reprendre les commandes et de décider comment vous voulez vivre votre cérémonie de mariage. Vous pourrez ensuite partager vos réflexions avec la personne qui rédigera votre cérémonie ou simplement l'utiliser comme base à votre propre rédaction.

EXERCICE 1 : « MES ENVIES »

Cet exercice a pour but de permettre aux deux futurs mariés d'exprimer leurs souhaits, mais aussi leurs inquiétudes.

Au début des réflexions, avant même que la cérémonie ne soit écrite, chacun a des sentiments, voire des préjugés sur ce que la cérémonie sera. Cet exercice a pour but de vous aider à exprimer vos points de vue et à les partager.

Première partie de l'exercice

Commencez par écrire sur un papier vos émotions, de la manière la plus simple et la plus sincère.

Par exemple :

« Je n'ai pas envie d'être le centre de l'attention »
ou au contraire
« C'est MON moment »

« Je ne veux pas dire mes vœux devant tout le monde, c'est trop intime »
ou au contraire
« Je veux déclarer notre amour devant tout le monde »

N'hésitez pas à être très franc / franche, à avoir une opinion forte et tranchée. Ce point de vue ne sera lu que par vous : la deuxième partie de l'exercice consiste à rendre ce point de vue communicable.

Deuxième partie de l'exercice

Prenez votre point de vue, par exemple « Je n'ai pas envie d'être le centre de l'attention » et expliquez-le.

En le développant, il se peut que vous le traduisiez ainsi : je sens que quand tous les regards seront sur moi, j'aurai trop conscience de la présence des gens et je ne penserai plus qu'à ça. Je deviendrai nerveux(se). Je ne veux pas ressentir ça pendant la cérémonie.

Ensuite, proposez une solution à votre problème. Par exemple : « je pense que je me sentirai mieux si je ne descends pas l'allée au début de la cérémonie avec tous les regards rivés sur moi. Je préfère me tenir à côté de l'officiant(e) et regarder le cortège faire son entrée. Ou alors : « je pense que je vivrai mieux le moment si on descend l'allée ensemble ».

N'hésitez pas à entrer dans le détail de chaque moment de la cérémonie : l'entrée des mariés, l'échange des vœux et des alliances, les discours des proches et les rituels éventuels.

Pour pouvoir faire cet exercice, il faut déjà avoir une petite idée du déroulement d'une cérémonie. N'hésitez pas à rechercher des vidéos de cérémonie sur Internet et à les regarder ensemble. Vous pourrez ensuite vous dire ce qui vous a plu ou déplu dans ce que vous avez vu.

Quelques règles importantes à garder en tête pendant cet exercice :

1. Ne pas juger l'autre : essayez de faire preuve de bienveillance et de réellement vous mettre à la place de l'autre. Il n'est pas toujours facile d'exprimer ses besoins et ses peurs.

2. Ne pas pointer du doigt : quand on exprime un besoin, dire « j'ai besoin de ça, je ressens ça » et non « tu veux ça, tu fais ça ».

3. Les envies de l'autre sont valables, même si ce ne sont pas vos envies. Quelqu'un qui vous dévoile ce qu'il / elle veut se met en position de vulnérabilité, accueillez donc cette vulnérabilité avec tendresse et bienveillance.

EXERCICE 2 : « NOUS RESSENTIRONS »

L'exercice qui suit a pour but de vous aider à définir les émotions positives que vous aimeriez ressentir pendant la cérémonie.

Pour faire cet exercice, asseyez-vous chacun de votre côté et rédigez 3 choses sur un papier :

1- Quel souvenir souhaitez-vous garder de cette cérémonie ?
   - Les gens qui nous sourient et nous regardent ?
   - S'être regardé dans les yeux pendant nos vœux ?
   - Avoir partagé un moment intense avec nos proches et nos amis ?

2- Que souhaitez-vous ressentir ?
   - Un sentiment de partage, de proximité avec les personnes qui seront là ?
   - Le sentiment de passer une grande étape dans notre vie de couple.
   - Le sentiment de nous amuser, de rire ?

3- Qui seront les personnes présentes ?
   - Qui est-ce que je vois autour de vous ?
   - Quel effet ça me fait que ces personnes soient là ?
   - Quel rôle jouent-ils dans notre cérémonie ?

Il est possible que vos réponses soient un peu différentes, c'est normal, vous êtes deux personnes différentes. Mais en écoutant bien ce que chacun de vous souhaite, vous allez pouvoir créer une cérémonie qui vous correspondra à tous les deux.

Asseyez-vous ensemble, expliquez chacun votre tour ce que vous avez écrit et pourquoi cela compte pour vous.

Notez ce que vous retenez pour votre cérémonie. Ce qui sera la ligne directrice, ce à quoi vous reviendrez toujours.

CONCLUSION DU LIVRE I

Vous l'aurez compris, créer une cérémonie de mariage commence par l'observation du couple. Si vous ne voulez pas entendre des phrases toutes faites, mais un message personnel, il est important que vous vous posiez la question : qui sommes-nous et où allons-nous ensemble ?

Tout ce que vous aurez pu noter au cours de votre préparation au mariage constitue l'essence, le message de fond de votre cérémonie.

Vous êtes maintenant prêts à vous lancer dans la prochaine étape : rédiger votre cérémonie.

LIVRE II

Rédiger une cérémonie

II.1 LE STYLE DE LA CÉRÉMONIE

Contrairement aux idées reçues, une cérémonie ne doit pas nécessairement être rédigée dans un style poétique, littéraire ou solennel. Le style de la cérémonie sera influencé d'une part par la personnalité des mariés et d'autre part par celle de l'officiant. Si l'officiant a naturellement une belle plume, la cérémonie aura tendance à être pleine d'images et de tournures poétiques. Si l'officiant aime parler de manière simple et sans fioritures, la cérémonie prendra un ton plus humain, simple et authentique.

Il est donc important de bien réfléchir au choix de l'officiant, qu'il s'agisse d'un proche ou d'un professionnel.

1. CHOISIR UN OFFICIANT PROFESSIONNEL

Le métier d'officiant s'est professionnalisé ces dernières années, il est donc aisé de nos jours de trouver un officiant avec une grande expérience des cérémonies de mariage.

Pour cela, Internet est une bonne piste et il existe de nombreux annuaires. Privilégiez un officiant proche de chez vous, que vous pourrez rencontrer plusieurs fois avant le jour J et renseignez-vous sur son approche et sa méthodologie. Trouvez des témoignages pour vous faire une idée de son style, mais surtout rencontrez-le / la.

Chaque officiant de cérémonie a son propre style, sa petite touche liée à sa personnalité et à sa vision d'une cérémonie. Choisir un officiant, c'est un peu comme choisir un photographe : beaucoup de personnes sont capables de tenir un appareil photo, mais c'est le regard du photographe qui va donner le ton des photos. De même, la personnalité de l'officiant va donner le ton de la cérémonie.

C'est pour cette raison qu'un des premiers critères, quand vous choisissez un officiant de cérémonie, est d'être convaincu que son style vous correspond et que le courant passe bien. Mais en plus de cette observation que vous ferez instinctivement, voici quelques questions pratiques qu'il peut être utile de poser à l'officiant :

1 – Sa disponibilité

Avant même de rencontrer un officiant, et de commencer à créer une relation avec lui / elle, assurez-vous de sa disponibilité à la date de votre mariage.

2 – Sa mobilité

Y aura-t-il un certain trajet à faire pour se rendre à votre mariage ? Si l'officiant(e) vit dans une région et que votre mariage se déroule dans une autre, il vaut mieux en parler assez tôt. Certains officiants sont prêts à parcourir de longues distances pour célébrer un mariage, d'autres en revanche peuvent avoir des contraintes familiales qui les poussent à n'exercer que dans leur région. N'hésitez pas à préciser dès votre première prise de contact le lieu où se tiendra la cérémonie.

Il faudra aussi se poser la question de dédommager les frais de déplacement. Selon moi, il est préférable d'en parler ouvertement dès le début et d'évaluer ce que coûtera le transport aller-retour. Certaines distances imposent aussi de passer la nuit sur place, il ne faut pas hésiter à réfléchir très concrètement à ce qui sera nécessaire et trouver un compromis raisonnable.

3 – Quelle est son approche, sa méthodologie ?

Quand j'ai proposé mes services d'officiante, j'ai pris soin de créer une méthodologie pour que les futurs mariés sachent exactement à quoi s'attendre : nombre de rendez-vous prévus, sujets abordés, planning prévisionnel…

Il est important d'entrer dans le détail de l'approche et de la méthodologie. Certains officiants s'investissent dans leur relation avec les futurs mariés et créent une cérémonie entièrement personnalisée. D'autres limitent la personnalisation à quelques échanges et questionnaires. Soyez très transparents sur vos attentes et n'hésitez pas à expliquer au mieux ce que vous imaginez.

4 – Quel est sa vision de la cérémonie en général ?

Chaque fois que j'ai rencontré un couple, j'ai partagé ma vision de ce qu'est une cérémonie idéale à mes yeux. Par exemple, j'avais mon avis sur la durée idéale d'une cérémonie et sur l'importance des vœux de mariage. J'avais aussi mon point de vue sur les rituels symboliques et même la place des mariés pendant la cérémonie (j'ai toujours refusé que les mariés soient assis face à moi et dos à leurs invités).

Cet échange d'idées et de points de vue nous aidait à voir si on était en phase. Quand l'officiant et les mariés accordent de l'importance aux mêmes choses, la collaboration se passe de manière plus fluide et naturelle. N'hésitez donc pas à lui demander son avis sur quelques sujets, en particuliers si vous avez une opinion forte sur certains aspects.

5 – Comment sont gérés les intervenants ?

Si vous souhaitez avoir des interventions personnelles de vos proches pendant la cérémonie, essayez de comprendre comment votre officiant les gérera : est-ce que les intervenants seront accompagnés ? l'officiant leur proposera-t-il des textes ? est-ce que vos proches bénéficieront d'un accompagnement personnalisé pour la rédaction de leur discours ?

A chaque cérémonie que j'ai créée, je me suis beaucoup impliquée dans l'accompagnement des intervenants car je tenais à ce qu'ils soient bien préparés et surtout à ce qu'ils soient eux-mêmes. Quand une personne n'a jamais assisté à une cérémonie laïque, elle pense parfois que son intervention doit tenir dans la lecture d'un texte classique ou d'un poème. Certaines personnes ont des choses personnelles très belles à dire, des relations uniques avec les mariés. Comment s'exprimer sans déballer son intimité, en restant dans le ton de la cérémonie, sans être trop solennel : pour y arriver, l'officiant peut être un coach précieux pour les intervenants.

6 – A-t-il/elle des références ou des témoignages ?

Nous vivons à un époque où il ne suffit plus de pouvoir lire la description d'un service, nous avons besoin de savoir comment d'autres personnes l'ont vécu. Certains mariés m'ont demandé des références de couples avec qui j'avais déjà travaillé et j'ai aussi pris soin de collecter des témoignages que j'ai publiés au fil du temps. Je comprends cette démarche et j'ai renseigné ces couples au mieux.

Je pense néanmoins que ce n'est pas un point incontournable. En effet, les premiers mariés à m'avoir embauchée, eux, n'avaient ni témoignages, ni référence sur lesquels s'appuyer. Ils se sont basés sur les articles que j'écrivais et avaient été séduits par mon approche. Le feeling est très bien passé à notre première rencontre et la confiance s'est construite à partir de là. Ça a été une très bonne relation et nous avons construit une magnifique cérémonie ensemble.

Alors n'hésitez pas à demander des références si vous avez besoin d'avoir le témoignage d'un autre couple, mais n'hésitez pas aussi à vous fier à votre instinct.

7 – Quel est le tarif de ses prestations ?

Le tarif doit être accompagné d'un descriptif de la prestation. Pour ma part, j'ai toujours affiché mes tarifs sur mon site Internet. Je préférais cette transparence et les mariés savaient que mes tarifs étaient publics et les mêmes pour tous. C'était ma manière de faire. Certains officiants établissent un devis personnalisé après un premier rendez-vous, c'est une méthode qui se comprend aussi. Dans tous les cas, les tarifs doivent être clarifiés avant de confirmer une prestation.

Ne soyez pas étonnés de trouver de tout : les tarifs pratiqués varient énormément, même dans une même ville. Ce qui compte c'est de bien comprendre ce que la prestation comprend et si vous sentez que l'officiant répondra à vos attentes.

8 – Comment se passera le jour J ?

Un officiant doit être capable de vous décrire le déroulement de sa prestation le jour J. Combien de temps avant la cérémonie arrivera-t-il ? Que fera-t-il sur place ? Comment se coordonnera-t-il avec les intervenants ? Que se passera-t-il avant, pendant et après la cérémonie ?

Un officiant est garant du bon déroulement de la cérémonie, et cette mission commence avant de prendre le micro. Évaluez sa capacité à gérer sa mission et à faire face aux imprévus le jour J.

9 – Parlez de vos demandes particulières

Si vous avez des demandes particulières, n'hésitez pas à les partager très tôt. Si vous souhaitez une cérémonie bilingue par exemple, ou encore une cérémonie inter-confessionnelle (il est tout à fait possible d'intégrer la foi dans votre cérémonie laïque si c'est important pour vous), parlez-en dès le début.

10 – Est-ce que le courant passe bien ?

Cette question est à vous poser entre vous. Avez-vous pu faire connaissance avec votre officiant pendant le rendez-vous ? Le rapport établi avec votre officiant correspond-il à ce que vous recherchez ? Vous sentiez-vous à l'aise et en confiance. Et enfin : voyez-vous cette personne vous unir le jour de votre mariage ?

2. CHOISIR UN OFFICIANT PARMI SES PROCHES

Un proche peut tout à fait tenir le rôle d'officiant à condition qu'il désire réellement s'investir dans la création et l'organisation de la cérémonie. C'est une tâche qu'il ne faut pas sous-estimer : elle lui demandera un grand nombre d'heures de travail et beaucoup d'investissement personnel. Les conseils suivants vous aideront à bien vous lancer dans l'aventure.

Sur quels critères choisir quelqu'un pour officier ?

De nombreuses personnes voient dans le travail de l'officiant un travail d'orateur. Ils vont alors penser en premier lieu aux proches qui s'expriment bien, qui sont à l'aise à l'oral ou qui sont très « sociables ». Pourtant, aucun de ces critères ne devrait être en tête. Un officiant n'est pas un animateur ou un acteur, tout comme votre cérémonie n'est pas une animation ou un show : c'est un moment intime, partagé avec des proches.

La meilleure personne pour tenir ce rôle est la personne qui rassemble le plus grand nombre de traits parmi les suivants :

- il / elle vous connaît tous les deux individuellement et en tant que couple ;
- il / elle aime votre couple et croit en votre relation ;
- vous vous sentez tous les deux à l'aise de vous ouvrir à lui / elle sur votre couple et votre engagement ;

- quand vous êtes avec lui / elle, vous vous sentez bien dans votre peau, vous arrivez à être vous-même ;
- c'est une personne de parole qui tient ses engagements ;
- vous pensez que vous garderez un très bon souvenir d'avoir été unis par cette personne ;
- sa personnalité vous enchante et vous voulez que votre cérémonie en soit imprégnée.

Vous pouvez compléter cette liste avec vos propres critères. Vous remarquerez que tous les critères sont subjectifs et personnels et qu'il n'est pas question de compétences ou de savoir-faire (cet aspect sera couvert par la suite de ce livre).

Un dernier critère important est le partage d'une vision. Si l'officiant ne partage pas la vision du mariage des mariés, alors il ne saura pas en parler correctement. Même en lisant un texte pré-écrit, la sincérité ne transparaîtra pas. C'est pourquoi le choix de l'officiant ne se fait pas uniquement sur le relationnel, mais aussi sur le partage d'une vision.

Une fois que vous avez trouvé la personne qui rassemble ces qualités, il est temps de lui en parler.

Comment demander à un proche d'être son officiant ?

Le rôle d'officiant ne doit jamais être imposé à quelqu'un, et même si vous pensez que vous êtes simplement en train de proposer cette mission à un proche, il se peut que vous la lui imposiez sans le vouloir. C'est notamment possible si vous proposez ce rôle avec émotion et enthousiasme. Dans ce cas, la personne en face de vous va probablement penser « ça leur ferait tellement plaisir, je ne peux pas gâcher leur joie ».

Même si votre « premier choix » est une évidence pour vous, vous y gagnerez tous beaucoup à apporter du pragmatisme à la question. Considérez ce rôle comme une offre d'emploi : vous avez un coup de cœur pour une personne et pour ses qualités, mais il reste encore beaucoup de questions : est-ce que cette personne sait en quoi le rôle consiste ? est-elle prête à s'investir, en a-t-elle envie ? êtes-vous tous d'accord sur ce que ce rôle représente et sur les attentes de chacun ?

En d'autre termes, il est important d'accorder le temps adéquat à la réflexion et de donner une porte de sortie claire : il / elle a le droit de décliner votre offre et vous ne recevrez pas cette nouvelle négativement.

Le meilleur moyen de proposer à un proche d'être son officiant est le suivant :

Avant même de lui évoquer votre demande, commencez par lui expliquer votre idée et votre concept de cérémonie : la raison pour laquelle vous voulez faire une cérémonie de ce type, le lieu où elle se tiendra, sa place dans le déroulé de la journée, ce que vous voulez vivre et partager à travers cette cérémonie… Si votre proche vous pose plein de questions à ce stade, déjà c'est bien parti !

Puis, quand il/elle a bien compris de quoi il s'agit, dites-lui que vous avez besoin d'un officiant. Expliquez-lui qui est l'officiant, ce qu'il doit faire, son rôle dans la création de la cérémonie et le jour du mariage.

Et enfin, dites-lui que vous avez pensé à lui / elle pour tenir ce rôle. Vous pouvez le dire avec toute l'émotion que vous ressentez, mais précisez lui que vous souhaitez lui donner le temps d'y réfléchir, que vous ne désirez pas de réponse tout de suite.

A ce stade, vous pouvez lui dire : « Si tu penses que ça peut t'intéresser, on peut t'en dire plus ». Sinon, ne le / la noyez pas sous plus d'information trop tôt.

S'il / elle veut en savoir plus, vous pouvez notamment lui donner plus de détails sur :

- la description de la cérémonie et de son déroulé ;

- l'ensemble des tâches dont il / elle sera responsable (rédaction des textes, cadrage des intervenants, coordination avec le DJ…) ;

- le planning prévisionnel : attention, la date butoir pour finaliser la cérémonie devrait être au plus tard deux semaines avant le mariage.

Pour ne pas lui mettre trop de pression dans sa décision, dites-lui (même si c'est faux) que si la mission lui semble trop lourde, vous avez une solution de repli.

La porte de sortie que vous lui donnez doit être grande ouverte et facile à prendre. Et il ne faut surtout pas penser que vous vous tirez une balle dans le pied en risquant de perdre votre officiant. Au contraire ! J'ai reçu de nombreux témoignages de mariés qui avait été lâchés à la dernière minute et j'ai été appelée plusieurs fois au secours à moins d'un mois d'un mariage. J'ai aussi eu des témoignages « d'officiants d'un jour » qui avaient vécu très difficilement l'expérience. C'est pourquoi, je ne peux que recommander de laisser chaque personne impliquée bien mûrir sa décision avant d'accepter ce rôle si beau mais si exigent.

Restez le chef de projet

Même si votre officiant(e) semble parfaitement à même de tout gérer seul(e), ne délaissez pas le sujet de votre cérémonie. Soyez impliqués jusqu'au bout et restez moteur dans sa préparation.

C'est aussi de cette manière que vous vivrez votre cérémonie plus pleinement, car vous ne vivrez pas seulement l'événement le jour J, mais tout le processus de sa création.

En avançant étape par étape en couple et avec votre officiant, en relisant les passages importants de la cérémonie et en vous préparant à les vivre, vous construisez une anticipation positive qui sera renforcée le jour J.

Beaucoup de couples pensent que l'intensité de l'émotion le jour J vient de l'effet de surprise. Je pense au contraire que cette émotion est plus ancrée et plus intense lorsqu'elle s'est renforcée dans le temps et que vous vous êtes projetés et préparés à vivre chaque moment. De plus, si la surprise est un point important pour vous, sachez que même si vous connaissez les textes de l'officiant, il vous restera encore beaucoup de découvertes le jour J : les vœux que vous allez écrire l'un pour l'autre, les discours des proches, l'émotion que vous allez ressentir en descendant l'allée et en échangeant vos alliances.

J'aborde de nouveau ce sujet au chapitre VI.7 lorsque se pose la question de la relecture de la cérémonie avec l'officiant(e).

L'aider à avoir confiance en lui / elle

Vous avez choisi votre officiant sur des critères très personnels et en conséquence, tout ce que vous lui demandez, c'est d'être lui-même. Rappelez-lui comment vous l'avez choisi : sur ses qualités personnelles et non sur des « compétences ».

Passez-lui le message, très tôt dans la préparation de la cérémonie, que la cérémonie n'est pas une « performance » et que ce n'est pas un « public » qu'il va avoir en face de lui, mais des invités, des proches, de la famille, des amis, des personnes qui vous aiment.

Vous allez préparer la cérémonie ensemble et vous serez ensemble pour la vivre le jour J.

S'il prend conscience assez tôt que ce qu'on lui demande, c'est d'être lui-même, peut-être se rendra-t-il compte que ce n'est pas beaucoup plus difficile que de prendre la parole à table à un dîner de famille...

Cet aspect est d'autant plus important qu'il influencera le style d'écriture de la cérémonie. Un officiant qui a confiance en lui et qui ose être lui-même, écrira de manière fluide, vivante et sincère.

3. DISCUTER DU STYLE DE LA CÉRÉMONIE

L'officiant doit donc commencer par avoir confiance en lui/elle et en son style. Personne n'est tenu de devenir quelqu'un d'autre le temps d'une cérémonie.

J'ai toujours pensé que ce qu'il y avait de beau et de touchant dans une cérémonie, ce sont les mariés eux-mêmes, leur personnalité, leur regard sur la vie. Si votre officiant partage ce regard, alors cette cérémonie vous ressemblera parfaitement.

Le reste est une question de préparation.

L'exercice suivant est donc destiné à l'officiant(e) afin de l'aider à trouver son style.

Exercice pour l'officiant(e)

En tant qu'officiant, vos qualités humaines, votre personnalité et votre vision des choses ont beaucoup de valeur. Commencez donc par vous demander qui vous êtes et quel type d'officiant vous serez. Puis décrivez-le aux mariés. Il est important qu'ils comprennent votre approche et que leurs attentes ne soient pas en décalage avec la réalité.

Dans tous les cas, une cérémonie ne pourra être touchante et émouvante que si elle est emprunte d'authenticité, aussi bien du côté des mariés que de l'officiant.

Parmi les styles suivants, lequel semble le plus vous ressembler ?

<u>Poétique et littéraire</u>

Vous aimez jouer de votre plume et trouver la plus belle image pour exprimer une idée. Les textes poétiques vous inspirent et vous ne vous lassez pas des mots et de leur beauté.

<u>Vivant et animé</u>

Devant une audience, vous aimez surprendre et faire rire. Vous ne vous voyez pas faire les choses simplement ou « comme les autres ». Vous comptez bien répéter et faire de ce moment un moment clé de l'animation de la journée.

<u>Simple et chaleureux</u>

Vous aimez écrire comme vous parlez : simplement et sans excès. Vous préférez passer des messages de fond qui auront du sens pour les mariés et en lesquels vous croyez aussi.

Votre style peut aussi être une combinaison de ces trois. Prenez le temps de le définir afin d'être capable de le décrire le plus précisément possible.

4. LA DURÉE DE LA CÉRÉMONIE

Une des premières questions que les futurs mariés se posent est celle de la durée de la cérémonie. Certains s'inquiètent d'une cérémonie à rallonge où tout le monde s'ennuie, tandis que, pour d'autres, la longueur de la cérémonie définit son importance.

J'ai souvent entendu dire :

« 20 minutes semblent trop courtes, 1h30 c'est trop long. 45 minutes, ça paraît bien. »

Pourtant, le temps que doit durer la cérémonie est la dernière question à se poser. Réellement, dans l'ordre des questions à se poser, il faut que ça soit la dernière. Pourquoi ? Parce que ce qui va définir la longueur de la cérémonie, c'est son contenu.

Dire que, pour être réussie, une cérémonie doit durer 1h, c'est comme décréter que pour être bien, un livre doit faire 400 pages. Il faut commencer par décider quelle histoire on va raconter et le volume de mots en découlera.

Personnellement, j'aime beaucoup les cérémonies très courtes qui vont droit au but et dont le moment clé est l'échange des vœux et des alliances. J'ai célébré de nombreux mariages comme ça, notamment pour des couples américains, car aux Etats-Unis, une cérémonie dure en moyenne vingt minutes.

Ma propre cérémonie de mariage était également très courte et je ne l'imagine pas une seconde autrement.

Si c'est quelque chose que vous envisagez, je vous donne ici quelques bonnes raisons d'opter pour une cérémonie courte.

1.   On peut se concentrer sur l'essentiel

Si les mots sont bien choisis, votre officiant(e) saura parler de vous, de votre amour et de votre engagement en dix minutes. Juste assez pour dire ce qui compte à vos yeux et ce que votre mariage signifie pour vous. Dix minutes semblent courtes, mais en réalité pensez aux discours de mariage que vous avez déjà entendu et qui semblaient interminables (qui duraient pourtant 5 minutes). Le reste de la cérémonie est consacré à l'échange des vœux et des alliances. Vous pouvez prendre le temps de vivre chaque moment tout en vous concentrant sur ces trois points essentiels.

2.   Ça réduit la pression d'une grande cérémonie

Entant que mariés, une pression se crée pendant les heures précédant la cérémonie. Une cérémonie courte vous permet de retrouver une forme d'intimité et de complicité et d'ainsi mieux vivre ce moment. Alors oui, une cérémonie longue peut aussi permettre de « faire durer le plaisir », mais pour certaines personnes, une cérémonie longue signifie « être exposé aux regards de tous » pendant plus longtemps. Si vous savez que votre cérémonie va être brève, vous pouvez entrer dedans sereinement en vous disant que vous allez en savourer chaque seconde.

3. On peut vivre sa cérémonie plus intensément et mieux s'en rappeler

En 45 minutes ou une heure, il va se passer beaucoup de choses et chaque étape de la cérémonie risque de s'enchaîner de manière quasi mécanique : un nouvel « événement » de la cérémonie vient rapidement effacer le précédant. Au point qu'en fin de compte, votre cérémonie finit par être un souvenir flou qui ressemble plus à un rêve qu'à quelque chose que vous avez réellement vécu. Si la cérémonie est courte, et ne comporte que peu d'étapes, vous pouvez inscrire chaque moment dans votre mémoire et la vivre plus pleinement.

4. Plus besoin d'avoir de plan B en cas de mauvais temps

Quand on prévoie une cérémonie extérieure, il existe selon les saisons et les régions un risque de pluie. C'est pourquoi les mariés prévoient toujours un plan B, couvert, au cas où le magnifique jardin extérieur, la belle clairière ou la plage n'étaient plus adaptés.

En revanche, si vous prévoyez une cérémonie courte, alors vous pouvez vous offrir le luxe de garder votre cérémonie en extérieur même avec une fine pluie: vous pouvez soit attendre que la pluie passe, soit tolérer quelques gouttes (qui ne se verront même pas sur les photos) pendant votre cérémonie.

Je comprends néanmoins les couples qui désirent « faire durer le plaisir ». En particulier si vous avez des proches qui savent parfaitement parler de votre couple ou de l'amour ou si vous vous reconnaissez dans de nombreux gestes symboliques. Dans ce cas, votre cérémonie contiendra de nombreux moments et durera inévitablement plus longtemps.

Bien sûr pour les faire-parts et la planification générale de la journée, vous aurez besoin de définir la durée de la cérémonie, même si celle-ci n'est pas finalisée. Dans ce cas, donnez-vous de l'espace et prévoyez entre 1h30 et 2h pour la cérémonie. Dans ce temps, il se passera :

- l'arrivée de vos invités sur le lieu de la cérémonie ;
- un temps de battement pendant lequel les invités discutent entre eux, prennent des photos, s'installent (n'oubliez pas que vos invités prendront leur temps et qu'ils ne seront peut-être pas très disciplinés) ;
- l'entrée du cortège et des mariés en musique ;
- le déroulement de la cérémonie ;
- la conclusion et l'annonce pour la suite des festivités.

Même si de nombreuses cérémonies commencent à l'heure, il n'est pas rare qu'elles débutent avec 20 minutes de retard, donc n'hésitez pas à prévoir de la marge de manœuvre.

II.2 CONNAÎTRE LES ÉLÉMENTS CONSTITUANTS D'UNE CÉRÉMONIE

L'officiant(e) remplit le rôle de rédacteur et de maître de cérémonie, mais il est avant tout un bon observateur et un confident : il va s'attacher à comprendre le couple et à transmettre leur personnalité et leurs valeurs tout au long de la cérémonie. Pour cela, l'officiant part à la recherche des anecdotes, des points de vue, des valeurs importantes aux yeux des mariés ; et il trouve une place pour chacun de ces éléments dans la cérémonie.

Des futurs mariés qui choisissent de rédiger leur propre cérémonie rencontreront le même challenge : trouver ce qu'ils veulent exprimer et à quel moment de la cérémonie ou sous quelle forme ils pourront le faire.

Les discours, les rituels symboliques, les interventions des proches… sont autant de moyens de transmettre des messages précis.

Par exemple, lorsque les mariés veulent parler du sens de leur engagement, ils peuvent le faire par plusieurs moyens :

- l'officiant peut développer un texte à ce sujet au début de la cérémonie ;
- un rituel symbolique peut représenter l'engagement et son sens pour mariés (par exemple le rituel du sable donne une image de deux vies qui s'unissent et qui ne peuvent plus se séparer) ;
- les mariés peuvent exprimer ce que leur engagement représente pour eux avec leurs propres mots lors de l'échange des vœux.

Connaître les différentes parties et éléments constituants d'une cérémonie permet donc d'avoir conscience de tous les moyens à disposition pour exprimer chaque message. Ainsi, pour chaque message identifié, vous pourrez imaginer très tôt quel support sera le plus approprié.

Voici les principaux constituants d'une cérémonie :

- Les discours de l'officiant
- Les interventions des proches
- Les vœux des mariés
- Les rituels symboliques
- L'échange des alliances

Notez-les et gardez en tête que tout message peut être transmis par l'un de ces moyens.

II.3 IDENTIFIER LES MESSAGES

La grande question que se pose tout officiant est : « qu'est-ce que je vais dire ? ».

Si vous souhaitez écrire une cérémonie personnalisée qui corresponde à la fois à votre personnalité et à celle des mariés, vous devrez commencer par trouver les messages que vous souhaitez passer. Ces messages sont à définir en commun avec les mariés. Les exercices suivants ont pour but de vous aider à identifier ces messages et à les développer.

1. DÉFINIR UNE LIGNE DIRECTRICE

La première étape consiste à définir une ligne directrice. Cette étape peut être réalisée par les futurs mariés seuls ou en présence de leur officiant(e). L'exercice n'a pas pour but de produire un texte, mais d'aider les futurs mariés à se projeter dans leur cérémonie afin de savoir ce qu'ils souhaitent vivre lors de la cérémonie. Tous les messages qui seront ensuite développés devront suivre cette ligne directrice.

Pour réaliser cet exercice, les futurs mariés s'assoient, chacun de leur côté, et répondent aux trois questions suivantes pour eux-mêmes.

1. Quel souvenir souhaitez-vous garder de la cérémonie ?

Exemple 1 : Je veux me souvenir des gens qui nous souriaient et nous regardaient avec joie pendant la cérémonie.

Exemple 2 : Je veux me souvenir de l'échange de nos vœux et de la manière dont nous nous regardions et nous tenions les mains pendant ce moment.

Exemple 3 : Je veux me souvenir d'avoir partagé un moment intense avec nos proches et de les avoir eus à nos côtés pendant la cérémonie.

2. Que voulez-vous ressentir lors de votre cérémonie ?

Exemple 1 : Je veux me sentir proche de nos familles et de nos amis, je veux que notre cérémonie soit un moment de partage.

Exemple 2 : Je veux avoir le sentiment de passer une grande étape dans notre vie de couple, je veux me rendre compte qu'il s'agit du moment où nous unissons nos vies.

Exemple 3 : Je veux avoir un sentiment de légèreté, je veux rire et m'amuser.

3. Lorsque vous imaginez votre cérémonie, qui voyez-vous autour de vous ?

Exemple 1 : Je vois nos témoins à nos côtés pendant l'échange des alliances.

Exemple 2 : Je vois ma nièce nous apporter les alliances.

Exemple 3 : Je vois nos parents et nos témoins aux premiers rangs et j'imagine nos témoins se lever pour participer au rituel symbolique.

Détaillez votre réponse en vous demandant pour chaque personne à qui vous pensez quel effet ça vous fait qu'elle soit là et quel rôle cette personne devrait jouer dans la cérémonie.

Une fois que vous avez répondu à ces questions, partagez vos réponses. Vous aurez chacun pensé à des aspects différents et vous n'aurez pas forcément accordé la même importance aux mêmes points. C'est tout naturel et c'est justement tout l'intérêt de répondre à ces questions chacun de votre côté dans un premier temps. Vous pourrez ainsi identifier ce qui est important pour chacun de vous et prévoir tout ce qu'il faut pour que vous ressentiez tous les deux ce que vous aimeriez ressentir.

2. LE QUESTIONNAIRE DES MARIÉS

Afin de rédiger une cérémonie personnalisée, l'officiant a besoin d'un maximum de « matière première » de la part des mariés : point de vue des futurs mariés, anecdotes, verbatim…

Pour se lancer dans ce travail, je recommande de démarrer par un questionnaire écrit. Face aux questions écrites, les mariés peuvent prendre le temps de réfléchir à leurs réponses et tranquillement mûrir leur pensée avant de partager leurs points de vue.

Sur les pages suivantes, vous trouverez deux questionnaires : le premier à compléter individuellement et le second à compléter en couple. Les deux approches sont importantes : les réponses de couple permettent aux mariés de se mettre d'accord sur certains messages, tandis que les réponses individuelles permettent de mieux cerner la personnalité et les points de vue de chacun.

Une fois les questionnaires complétés, ils sont envoyés à l'officiant(e) qui peut les relire et préparer un rendez-vous de discussion.

Lors de la discussion, l'officiant(e) essaie de comprendre les sujets qui comptent le plus pour les futurs mariés et les aide à développer leurs pensées. Il peut également commencer à proposer les moments les plus opportuns pour aborder chaque thème lors de la cérémonie.

Par exemple, à la question :

« Qu'est-ce que le mariage va changer pour vous ? »

Nassime et Déborah ont répondu :

C'est une étape qui consolide notre couple, l'aboutissement de ce qu'on a construit en commun depuis presque 8 ans. C'est aussi pour nous une façon d'acter symboliquement notre envie commune de fonder un foyer, une famille.

Pour aller plus loin, je leur ai posé les questions suivantes :

- Qu'avez-vous construit pendant 8 ans ?
- Comment votre relation a évolué durant cette période ?
- Comment aimeriez-vous symboliser votre envie de fonder un foyer ? Est-ce que vous aimeriez que j'en parle moi-même ou préférez-vous l'exprimer dans vos vœux ? Aimeriez-vous que ça transparaisse au moment de l'échange des alliances, d'un rituel symbolique,... ?

A travers cette discussion, l'officiant essaie d'en savoir un maximum sur ce que les mariés ressentent. C'est pourquoi il est important d'avoir une relation de confiance et de confidence.

A la fin de l'échange, l'officiant devrait avoir suffisamment de notes pour tenter un premier jet de la cérémonie. Pour cela, il va devoir donner forme à ses notes en rédigeant les premiers messages.

A photocopier

QUESTIONNAIRE À COMPLÉTER INDIVIDUELLEMENT

Ce questionnaire est à compléter individuellement afin de permettre à l'officiant de mieux comprendre vos points de vue sur chaque sujet.

Thème 1 : Le mariage

Cochez les affirmations qui vous correspondent **fortement** et expliquez les plus importantes. Ne cochez pas les affirmations qui ne vous correspondent pas ou peu. Pour chaque affirmation cochée, expliquez votre choix avec le plus de détails possible.

☐ Le mariage est une promesse que l'on sera toujours là l'un pour l'autre.

☐ Le mariage est le fondement de notre (future) famille.

☐ Le mariage ne va pas vraiment changer notre quotidien.

☐ Le mariage est une étape importante de notre vie de couple.

☐ Le mariage est surtout une célébration de notre amour.

☐ Le mariage est avant tout un engagement de rester ensemble toute notre vie.

☐ Pour être bien dans un couple, il faut d'abord être bien individuellement.

☐ Rien n'est acquis, ni définitif. Même en amour.

☐ Nous nous sommes déjà donné de nombreuses preuves d'amour.

☐ Nous pouvons tout nous dire, même les choses difficiles.

☐ Nous avons beaucoup travaillé sur notre relation pour être le couple que nous sommes aujourd'hui.

☐ La famille est la valeur la plus forte de notre couple.

Thème 2 : Les promesses

Listez les promesses que vous souhaitez lui faire.

Ces promesses traduisent ce que l'engagement du mariage signifie pour vous. Vous n'êtes pas tenus de reprendre les promesses traditionnelles du mariage : ne listez que les promesses que vous auriez inventées par vous-même. Pour trouver de l'inspiration, n'hésitez pas à vous reposer sur le chapitre dédié dans le livre des vœux de mariage (IV.1 « Les promesses » et « Les promesses humoristiques »).

Thème 3 : Notre couple

Cochez les affirmations qui vous correspondent **fortement** et expliquez les plus importantes. Ne cochez pas les affirmations qui ne vous correspondent pas ou peu. Pour chaque affirmation cochée, expliquez votre choix avec le plus de détails possible.

☐ Nous étions destinés à nous rencontrer / à être ensemble.

☐ Il/elle est mon/ma meilleur(e) ami(e).

☐ On ne se dispute jamais.

☐ Il/elle est mon âme sœur.

☐ Nous nous ressemblons beaucoup.

☐ Nous sommes toujours d'accord sur tout.

☐ Nous sommes très différentes.

☐ Nous ne sommes pas toujours d'accord mais nous savons faire des compromis.

☐ Nous formons une bonne équipe.

☐ Nous avons eu un coup de foudre.

☐ Notre amour est passionnel.

☐ Nous ne gardons jamais de rancœur.

☐ Il y a beaucoup de tendresse entre nous.

☐ Nous sommes toujours bienveillants l'un envers l'autre.

☐ Nous sommes un couple fusionnel.

☐ Nous sommes un couple indépendant.

QUESTIONNAIRE À COMPLÉTER À DEUX

Ce questionnaire est à compléter à deux et à remettre à l'officiant. Il vous permet de réfléchir posément à votre vision des choses et de les partager facilement avec votre officiant. Répondez aux questions sur papier libre en donnant autant de détails que possible.

Qu'est-ce que le mariage va changer pour vous ?

Exemple : C'est une étape qui consolide notre couple, l'aboutissement de ce qu'on a construit en commun depuis presque 8 ans. C'est aussi pour nous une façon d'acter symboliquement notre envie commune de fonder un foyer, une famille.

Qu'est-ce qui fera votre bonheur ?

Exemple : D'avoir un foyer solide et rempli d'amour, une famille unie, heureuse, avec chacun de ses membres épanoui.
D'apporter et de recevoir un soutien mutuel au quotidien et en cas de difficulté, de la compréhension et de l'empathie pour l'autre. De continuer d'être de vrais partenaires de vie l'un pour l'autre, et d'être emplis de bienveillance.

Racontez une ou plusieurs anecdotes qui montrent la confiance que vous vous offrez.

Exemple : On a une confiance absolue l'un dans l'autre. On se parle de presque tout, y compris de nos doutes, de nos peurs, que ce soit sur chacun d'entre nous ou sur notre couple. On a très vite « officialisé » les choses : on s'est présenté nos familles après un mois de relation, on a emménagé ensemble au bout d'un an...

Racontez une ou plusieurs anecdotes qui prouvent que vous savez prendre soin l'un de l'autre.

Exemple : On sait tout de suite quand l'autre ne va pas bien, sans même avoir besoin d'échanger. On prend souvent le temps de se raconter les choses et de s'écouter. On sait être présent l'un pour l'autre au quotidien, en s'apportant de l'attention et en se faisant des petites surprises.

Avez-vous surmonté une épreuve ensemble ?

Exemple : La mère de Sabine a été malade, diagnostiquée d'un cancer du sein en août 2017. Nous avons vécu cette épreuve ensemble. Nous avons beaucoup parlé, beaucoup partagé et cela a encore renforcé notre couple. Cette épreuve a aussi été une sorte de déclencheur : en septembre 2017, nous avons décidé d'arrêter de remettre à plus tard nos projets et envies de couple, et avons pris la décision de nous marier, désireux de fonder une famille prochainement.

Quels sont les événements marquants de votre histoire ? N'hésitez pas à donner des détails

Exemple : Ça faisait 3 mois qu'on était ensemble quand j'ai dit à Amanda que j'allais étudier en Angleterre l'année suivante. Elle m'a tout de suite dit qu'elle viendrait avec moi et elle m'a suivi en Angleterre. On avait dès le début une grande foi dans notre couple.

Parmi les affirmations suivantes, lesquelles traduisent au mieux ce que vos alliances représentent pour vous ? Expliquez pourquoi.

Nos alliances :

- ☐ sont un signe extérieur de notre engagement ;
- ☐ sont un cadeau qu'on se fait l'un à l'autre ;
- ☐ sont un rappel que nous ne sommes jamais seuls, que l'autre est là ;
- ☐ symbolisent une promesse ;
- ☐ représentent un cercle parfait, sans début ni fin et symbolisent ainsi notre amour.

Comment sont vos alliances ? Leur forme a-t-elle un sens pour vous ?

Y a-t-il un sujet sensible que votre officiant devrait éviter d'aborder lors de la cérémonie ?

II.4 RÉDIGER LES MESSAGES (MÉTHODOLOGIE)

Rédiger les messages est un exercice qui peut être accompli par l'officiant(e) ou par les mariés lorsqu'ils décident d'écrire eux-mêmes leur cérémonie. Dans les prochains paragraphes, pour faire simple je m'adresse à l'officiant(e) et je suppose que les mariés contribuent sans rédiger.

A ce stade, vous avez probablement pris de nombreuses notes et sélectionné des sujets qui comptent aux yeux des mariés. La question à présent est : comment transformer toutes ces notes et informations en messages à intégrer à la cérémonie. Je vais donc partager avec vous ma méthode pour faire ce travail et vous donner quelques astuces si vous vous sentez coincé(e).

ETAPE 1 : ORGANISEZ VOTRE PENSÉE

Au début, vous avez uniquement des mots et des idées. Les notes ont été prises en vrac et peuvent se répéter par endroit.

Afin de commencer le travail de rédaction, vous devez faire un tri, et mettre de l'ordre. Pour cela, identifiez les thèmes qui ressortent clairement. La liste de thème ci-dessous pourra vous aider :

- L'histoire du couple
- Leur vision du mariage
- Leur vision de la vie à deux
- Leurs forces et faiblesses
- La relation qu'ils ont construite
- Les épreuves qu'ils ont surmontées
- Les promesses qu'ils veulent se faire
- L'avenir qu'ils veulent construire
- La place de leurs témoins, de leurs familles
- Les valeurs qui leur tiennent à cœur
- Leur vision de l'engagement et de la fidélité
- Vieillir ensemble

Il est possible que vous trouviez encore d'autres thèmes et même si toutes vos notes ne finiront pas dans la cérémonie, il est important de ne rien oublier à ce stade du travail.

Sachez néanmoins identifier les sujets que vous ne développerez pas, notamment les questions sensibles (ruptures ou anciennes relations) et les histoires trop intimes. N'hésitez pas, en cas de doute, à demander aux mariés s'ils souhaitent que vous abordiez tel ou tel sujet.

Une fois que le tri a été fait et que les sujets sont ressortis, commencez à rédiger quelques paragraphes de manière très factuelle et uniquement dans le but de mettre de l'ordre dans vos idées.

Vous pouvez par exemple rédiger un paragraphe sur l'histoire du couple en reprenant les événements dans l'ordre chronologique.

Vous pouvez rédiger un autre paragraphe s'inspirant de leur vision du mariage et de l'engagement.

N'hésitez pas à mettre du vôtre dans vos notes. Par exemple, si vous parlez d'un couple d'amis, vous n'êtes pas tenus de vous en tenir aux évènements. Vous avez peut-être été témoins de la construction de leur couple et de leur amour. Certains de leurs traits vous touchent peut-être. N'hésitez pas à noter toutes ces pensées.

Vous pouvez par exemple parler de :
- ce que vous voyez dans leur couple et qui vous inspire ;
- comment ils se comportent l'un avec l'autre et pourquoi c'est précieux ;
- ce que vous apprenez sur l'amour et la relation de couple en les regardant ;
- ce qui fait qu'ils sont la combinaison parfaite de deux individualités.

A ce stade, les paragraphes n'ont pas besoin d'avoir de liens entre eux. Il n'est pas non plus nécessaire que vous sachiez dans quel ordre les thèmes seront abordés. Vous pouvez aussi noter « rituel » dans la marge si un thème vous semble bien trouver sa place dans un rituel ou « discours » si un proche compte aborder le thème en question.

Une fois ce premier travail fait, vous pouvez entrer dans la phase de rédaction.

ETAPE 2 : TRAVAILLEZ VOS TOURNURES DE PHRASES

Vous arrivez maintenant à la première étape de rédaction pure. Contrairement à ce que l'on pourrait imaginer, il ne s'agit pas d'un travail de plume ou d'embellissement, c'est d'abord un travail de simplification.

Au moment de l'écriture des premiers paragraphes, vous avez rassemblé les idées, mais vous avez écrit pour votre propre compréhension. Maintenant, vous devez reprendre vos textes afin de les fluidifier.

Pour cela, reprenez chaque paragraphe en vous assurant de ne garder qu'une idée par paragraphe. Revoyez ensuite l'extrait en vous imposant les règles suivantes :

- ne répétez pas la même idée à deux endroits ;
- remplacez les mots compliqués par des mots simples (compréhensibles par un enfant) ;
- raccourcissez vos phrases et remplacez autant que possible les virgules par des points (il vaut mieux commencer une nouvelle phrase que d'écrire une phrase à rallonge) ;
- évitez les tournures académiques qui ne vous ressemblent pas (demandez-vous si vous parlez naturellement comme ça ou si vous cherchez un effet de style).

Le résultat doit être un texte simple et naturel.

Dans l'exemple ci-dessous, j'ai réalisé ce travail en trois étapes, des idées au texte final :

1- J'ai posé quelques questions aux mariés, auxquelles ils ont réfléchi de leur côté avant de me répondre par écrit.
2- J'ai échangé avec eux autour de leurs réponses pour m'assurer

que j'avais une bonne compréhension de leur vision.

3- J'ai effectué le travail de rédaction afin d'obtenir le texte final.

Réponses des mariés au questionnaire :

Qu'est-ce que le mariage va changer pour vous ?

C'est une étape qui consolide notre couple, l'aboutissement de ce qu'on a construit en commun depuis presque 8 ans.

C'est aussi pour nous une façon d'acter symboliquement notre envie commune de fonder un foyer, une famille.

Qu'est-ce qui fera votre bonheur ?

D'avoir un foyer solide et rempli d'amour, une famille unie, heureuse, avec chacun de ses membres épanoui.

D'apporter et de recevoir un soutien mutuel au quotidien et en cas de difficulté, de la compréhension et de l'empathie pour l'autre. De continuer d'être de vrais partenaires de vie l'un pour l'autre, et d'être emplis de bienveillance.

Mes notes lors de notre discussion :

Ils veulent construire une belle vie à deux. C'est un choix conscient qu'ils sont en train de faire. Ils savent se parler et se respectent énormément.

Premier texte simplifié :

Deborah et Nassime souhaitent construire ensemble, évoluer ensemble, vivre les plus beaux moments et se soutenir dans les plus difficiles. Par leur union, ils consolident leur couple et tout ce qu'ils ont construit ensemble depuis 8 ans.

Par leur mariage, ils s'engagent à essayer d'être le meilleur partenaire pour l'autre. A se parler comme des amis, à s'écouter comme des confidents, et à chérir et respecter leurs individualités. Ils souhaitent, ensemble, construire un foyer solide et rempli d'amour, une famille unie, heureuse, avec chacun de ses membres épanoui.

Dans ce texte, je suis restée très fidèle aux réponses données par les mariés et aux mots qu'ils avaient choisis pour exprimer leurs sentiments.

ETAPE 3 : TRAVAILLEZ LA FORME

Maintenant que vous avez vos contenus, vous pouvez leur donner forme. Il n'est pas nécessaire d'avoir choisi un ordre à la cérémonie pour réaliser ce travail.

Pour chaque paragraphe écrit, demandez-vous :

- Est-ce que je veux parler aux mariés ou aux invités lorsque je passe ce message ?
- Est-ce que cette idée m'inspire une image ou une métaphore que j'aimerais développer ?
- Est-ce que mes phrases ont un rythme agréable ?
- Où vais-je faire des pauses ? Quels mots vais-je accentuer ?

Gardez en tête que vous écrivez un texte destiné à être présenté en discours. Le rythme et le ton de votre voix jouent un rôle important. Ce n'est pas grave si le rendu à l'écrit *seul* n'est pas convainquant car ce texte n'est pas destiné à être lu.

Lorsque j'ai retravaillé le paragraphe écrit à l'étape 2, j'ai choisi de m'adresser aux mariés. Mon travail « d'embellissement » a consisté à ajouter un rythme aux phrases et à mettre en valeur le jour spécial que tout le monde était en train de vivre : c'est pourquoi je répète plusieurs fois « aujourd'hui » et « vous vous engagez ». J'ai aussi cherché quelques images qui me plaisaient comme l'idée d'une union avant tout intérieure, créé et nourrie par eux.

Voici donc le nouveau texte après avoir retravaillé la forme :

« Deborah, Nassime, vous vous tenez l'un en face de l'autre pour confirmer votre souhait de parcourir cette vie à deux. De construire ensemble, d'évoluer ensemble, de vivre les plus beaux moments et de vous soutenir dans les plus difficiles. Aujourd'hui, par votre union, vous consolidez votre couple et tout ce que vous avez construit ensemble depuis 8 ans.

Comme vous le savez une cérémonie de mariage est un symbole - qui doit être confirmé par un engagement intime et profond. Une union intérieure que seul votre amour peut créer et que seul votre engagement peut maintenir.

Aujourd'hui, devant vos proches et les personnes que vous avez choisies comme témoins, vous faites un choix conscient. Un choix de construire à deux, brique par brique, une relation épanouie et bienveillante. Une relation de confiance et de sincérité, pleine de soutien, de compréhension et d'empathie.

Par votre mariage, vous vous engagez à essayer d'être le meilleur partenaire pour l'autre. Vous vous engagez à vous parler comme des amis, à vous écouter comme des confidents, et à chérir et respecter vos individualités. Vous souhaitez, ensemble, construire un foyer solide et rempli d'amour, une famille unie, heureuse, avec chacun de ses membres épanoui. »

**

Ce texte me ressemble. En l'écrivant, je savais que je sourirais aux mariés, que j'aurais un ton de voix chaleureuse et que je parlerais de manière posée. Vous aussi, quand vous faites ce travail final, imaginez-vous debout à la cérémonie, devant les mariés et les invités, et voyez comment vous livrerez le message. Cette visualisation vous aidera dans ce travail de peaufinage.

Une fois le travail complété sur chaque paragraphe, vous avez une grande partie de la cérémonie entre vos mains. Vous devrez ensuite structurer la cérémonie, mais pour cela, il faut que vous ayez collecté les discours des intervenants ainsi que les vœux des mariés et que vous ayez rédigé le texte du ou des rituels symboliques. Les trois livres qui suivent couvrent toutes ces questions.

II.5 REVOIR LES MESSAGES AVEC LES MARIÉS

Une fois que vous avez rédigé un certain nombre de paragraphes, prévoyez un rendez-vous d'échange avec les mariés. Le but ? Revoir ces paragraphes, leurs messages principaux et les tournures employées.

Si vous hésitez à procéder à la relecture de la cérémonie, je vous explique les différentes approches au Livre VI, chapitre 7.

Pour ma part, j'aime partager la cérémonie en entier avec les mariés, excepté les discours des proches et les vœux bien sûr. Ainsi, les mariés peuvent s'assurer que le moment de leur union correspondra parfaitement à leur vision de leur couple et de leur cérémonie.

Il est également possible de procéder à cette relecture passage par passage. Par exemple, le premier texte ci-dessous a été envoyé à des mariés qui souhaitaient que l'histoire de leur couple ait une place importante, tout en restant dans la légèreté et un brin d'humour. Ce texte leur a été envoyé afin qu'ils voient s'il correspondait bien à leurs attentes et si l'on restait bien dans le ton qui leur plaisait.

Les questions que l'on peut poser lorsque l'on envoie un texte à relire aux mariés sont : Est-ce que ce texte vous plaît ? Est-ce que vous souhaitez aller dans cette direction pour votre cérémonie ? Ou au contraire, est-ce que ce texte est loin de votre vision de votre cérémonie. Souhaitez-vous quelque chose de plus solennel, comique, philosophique, terre-à-terre… ?

EXEMPLE DE TEXTE SUR L'HISTOIRE DU COUPLE

« Je vais à présent vous parler d'Émilie et de Jérémy, de leur histoire, et de leur rencontre peut-être encore inconnues de certains…

Il y a 5 ans lorsque vous vous rencontrez sur les terrains du gymnase de Beauchamp, vous venez sans vous en douter de faire basculer votre vie à jamais.

Vous n'avez pas tourné longtemps autour du panier et après quelques regards échangés, vous êtes passé à un autre sport, plus cérébral, l'envoi de SMS en masse !

Ce n'était pas chose facile pour Émilie d'assumer les avances de son séduisant entraineur Jérémy, sans penser aux réactions de ses co-équipières. Mais tout le monde a bien pris cet amour naissant.

Quand le destin frappe à notre porte on le laisse entrer et s'emparer de nous tout entier.

Quand on sait que l'on se trouve au bon endroit, au bon moment, il n'y a pas de raison d'hésiter à vivre l'instant. Entre eux, tout est simple et naturel, comme une évidence !

Ensuite tout est allé très vite. 7 mois plus tard ils accrochent leurs clés du bonheur sur le même trousseau, et à peine un an après leur premier baiser ils décident de vivre maritalement en se pacsant.

Ce qui les amène à se marier aujourd'hui. Leur mariage est une volonté forte de franchir une nouvelle étape, la suite logique de leur histoire et de partager leur engagement et leur amour avec leurs proches, vous.

La famille est une valeur que vous partagez et qui vous unit encore plus fort aujourd'hui. De deux familles aimantes et bienveillantes, vous n'en formez plus qu'une, et bientôt vous fonderez la vôtre pour le bonheur de tous. »

***

Les textes qui suivent abordent également différents sujets importants aux yeux des mariés concernés. Dans chaque cas, leur retour permettait de s'assurer que le ton et les mots employés correspondaient à leur vision de leur cérémonie.

EXEMPLE DE TEXTE SUR LE SENS DU MARIAGE

Que signifie le mariage … pour deux personnes qui se dévouent déjà corps et âme l'une à l'autre ? Que signifie le mariage pour deux personnes qui ont déjà construit une petite famille et qui vivent déjà depuis plusieurs années la grande aventure de la vie ?

Le mariage est une promesse, solennelle, faite devant tous les proches qui deviennent témoins de cet engagement.

Aujourd'hui, Vanessa et Sébastien se font la plus belle des promesses : une promesse de toujours être là l'un pour l'autre, une promesse de se soutenir, une promesse de continuer de prendre le temps d'apprécier chaque instant ensemble.

***

EXEMPLE DE TEXTE SUR L'AMOUR ET LA FAMILLE

Sandrine et Peter vous remercient tous de votre présence à leurs côtés aujourd'hui et en particulier, merci à Jeanine, la maman de Sandrine, Mamie Jo sa grand-mère, son frère Juju, Pravin le père de Peter et Leela sa mère.

Merci d'être là aujourd'hui mais pas seulement. Merci pour l'amour que vous avez porté pour Sandrine et Peter et qui en a fait les personnes qu'ils sont aujourd'hui.

C'est grâce à votre soutien et à votre bienveillance qu'ils partagent tous les deux dans leur cœur une valeur très forte : l'amour de la famille. Et alors qu'ils commencent cette nouvelle étape de leur vie, ils peuvent vous regarder et voir tout ce que la vie réserve de plus beau.

L'amour qui vient de la famille est unique. C'est un amour naturel, oui, mais qui est nourri par le bon caractère et la bienveillance de chacun. L'amour de la famille est inébranlable, il est le modèle de loyauté le plus élevé qui existe. Il est riche, il est éternel, il est simple.

Et ce qui est magnifique, c'est que quand on regarde Sandrine et Peter, on voit qu'ils partagent un amour de cette nature. Ils s'aiment, se respectent et s'accompagnent de manière généreuse et sincère. Et c'est pour cette raison – et beaucoup d'autres – que toutes les personnes présentes ici et aujourd'hui n'ont aucun doute que Sandrine et Peter sauront construire une vie belle et heureuse dans un foyer chaleureux.

***

EXEMPLE DE TEXTE SUR LES RÊVES ET PROJETS

Soufian et Amanda ne partagent pas seulement un amour. Ils partagent des rêves, ils partagent des principes. Et ils font eux-mêmes que leur vie soit une succession de grands moments.

Cette cérémonie est à l'image de cette volonté. Et elle est à l'image de ce couple : un couple riche culturellement et intérieurement. Un couple constitué de deux individus différents, mais qui marchent main dans la main dans la même direction. Un couple qui a compris qu'il n'est pas nécessaire de devenir la même personne pour fonder une unité. Qu'il n'est pas nécessaire de toujours prendre les mêmes chemins, mais que tout ce qui compte c'est d'aller ensemble à la même destination.

Ce que Soufian et Amanda accomplissent dans leur vie de couple est à l'image de ce qu'un artiste accomplirait sur une œuvre d'art.

Quand on regarde une œuvre d'art, on oublie souvent le talent, la réflexion et l'amour qui ont été nécessaires pour la réaliser. On découvre juste le résultat comme s'il était tombé du ciel. Pourtant, il y a quelque chose de grandiose et de magnifique dans cette œuvre : c'est l'harmonie.

Et c'est cette même harmonie que Soufian et Amanda ont trouvée ensemble et qui les a menés jusqu'à aujourd'hui.

C'est cette harmonie qui permet à deux individus aux personnalités différentes de construire quelque chose de grand et de beau ensemble et d'apprendre l'un de l'autre.

C'est cette harmonie qui leur a permis de très vite croire en leur amour au point qu'Amanda savait qu'elle suivrait Soufian en Angleterre après seulement trois mois de relation.

Et enfin, c'est cette harmonie qui n'a laissé aucune hésitation à Soufian, lorsqu'à seulement 23 ans il a demandé Amanda en mariage.

Ensemble, Soufian et Amanda savent rêver, ensemble ils savent construire.

Et c'est cela que nous célébrons aujourd'hui, entourés de leurs amis et de leurs deux familles dont les cultures et les traditions sont différentes mais qui ont pourtant donné naissance à deux individus parfaits l'un pour l'autre.

***

CONCLUSION DU LIVRE II

Ce livre, principalement destiné à l'officiant dans son travail de collecte d'idées et de rédaction des messages, vous a permis de créer les principaux textes de la cérémonie.

A présent que vous avez beaucoup de matière première et que vos notes commencent à prendre forme, il est temps de passer aux étapes suivantes : les mariés doivent se lancer dans la rédaction de leurs vœux, les intervenants éventuels doivent rédiger le premier brouillon de leur discours et l'officiant peut se lancer dans le livre VI « Structurer et organiser une cérémonie ».

LIVRE III

Lectures et discours des proches

Lors d'une cérémonie de mariage, il est possible de laisser la parole à quelques proches qui souhaitent intervenir pour lire un texte ou un discours personnel.

L'intervention de proches n'est bien sûr pas une étape obligatoire et doit être bien réfléchie par les mariés. Inutile de chercher à faire du remplissage : on n'a jamais entendu parler d'une cérémonie de mariage trop courte. Au contraire, les gens ont plutôt l'expérience d'avoir assisté à une cérémonie qui n'en finissait pas.

La question est réellement de savoir si les mariés souhaitent voir certaines personnes prendre la parole et si ces personnes sont prêtes à le faire. Préparer une intervention pour une cérémonie demandera un investissement en temps et il ne faut pas imaginer qu'il s'agit simplement de « dire quelques mots ».

Ce troisième livre est consacré à cette préparation. Il a pour but d'aider les mariés à bien se poser la question des interventions et faire les choix qui leur conviennent, puis d'aider les intervenants à se préparer à la prise de parole.

III.1 MARIÉS : CHOISIR LES INTERVENANTS

Exercice 1 : Lister les intervenants

Tout d'abord, vous aurez besoin de lister les personnes que vous imaginez intervenir dans votre cérémonie.

Réfléchissez aux liens que vous avez avec ces personnes. Choisissez les personnes qui sont les plus proches de vous, qui vous connaissent le mieux en tant qu'individu ou entant que couple. Vous pouvez aussi choisir des personnes que vous souhaitez mettre à l'honneur.

Cette étape se réfléchie à deux, avant même de parler à vos proches.

Pour chaque personne à qui vous pensez, répondez à ces questions :

- Quelle est votre relation avec cette personne ?
  (Histoire, passions communes, détails croustillants, anecdote, ...)

- Pourquoi souhaitez-vous que cette personne intervienne ? Qu'est-ce que ça vous fait ressentir ? Quel type de message peut-elle passer ?

- Avec quel type d'intervention sera-t-il/elle plus à l'aise ?
  (Discours personnel, lecture de texte, musique...)

- Quel est son rôle dans le mariage ?
  (Témoin, parent, demoiselle d'honneur, ...)

Il faut être prudent dans le choix des intervenants. Il est notamment important d'être sélectif et de se limiter dans le nombre de personnes qui prendront la parole, au risque que votre cérémonie ne se transforme en passage de micro continu. S'il fallait donner un chiffre, je dirais « deux maximum », mais le meilleur moyen de fixer ce chiffre est de choisir les intervenants selon les règles ci-dessous.

Ceux qui interviennent lors d'une cérémonie sont :

Des proches…
Il est important que vos intervenants vous connaissent suffisamment en tant que personnes et en tant que couple pour prendre la parole au moment où vous unissez vos vies. Dans l'idéal, ils devraient être capables d'adresser un discours aux deux mariés, même s'ils en connaissent un(e) plus que l'autre.

… qui vous aiment
Les messages passés lors de la cérémonie doivent parler de vous et bien sûr être bienveillants et attentionnés. Il n'est pas obligatoire de rester dans un ton mielleux ou sans forme d'humour. Au contraire, tout ce qui sera authentique et en accord avec la personnalité de l'intervenant est de bon ton. En revanche, les petites piques, les rancœurs ou les sujets sensibles sont à éviter.

… qui vous connaissent
Un bon discours contient au moins un des éléments suivants : une anecdote, quelques conseils, un peu de « philosophie » pour passer des messages qui vous sont chers et qui vous ressemblent. Il faut donc que la personne qui prend la parole vous connaisse bien et soit capable de s'adresser à vous, en quittant les sentiers battus et les généralités. De plus, contrairement à un discours que l'on ferait dans un contexte professionnel ou associatif, il ne s'agit pas de s'adresser à l'assemblée. Le message sera à propos de vous et adressé à vous.

… qui ont des choses à dire
Vos intervenants doivent trouver de l'inspiration et essayer ne pas se reposer sur une « biographie de votre couple » (que vous connaissez déjà pour l'avoir vécue), afin de passer un message personnel qui vous est adressé à vous directement. Bien sûr, pour ceux qui trouvent la « rédaction libre » difficile, il est toujours possible de se reposer sur un texte et d'y réagir.

Par exemple, voici un extrait du discours de la meilleure amie d'une mariée qui a choisi de commenter un texte :

« Cet extrait des Yeux jaunes de Crocodiles de Katherine

Pancol illustre bien l'homme idéal :

« Etoiles […] Donnez-moi la paix et la force intérieure, donnez-moi aussi celui que j'attends en secret. Qu'il soit grand ou petit, riche ou pauvre, beau ou laid, jeune ou vieux, ça m'est égal. Donnez-moi un homme qui m'aimera et que j'aimerai. S'il est triste, je le ferai rire, s'il doute je le rassurerai, s'il se bat je serai à ses côtés. Je ne vous demande pas l'impossible, je vous demande un homme tout simplement, parce que , voyez-vous, étoiles, l'amour, c'est la plus grande des richesses … L'amour qu'on donne et qu'on reçoit. Et de cette richesse-là, je ne peux pas me passer… »

Ma très chère Céline, depuis quelques années déjà, tu ne rêves plus car tu as trouvé celui avec lequel tu désires partager ta vie. Je vous souhaite à tous les deux beaucoup de bonheur. »

Mais ce ne sont pas forcément des personnes…

… que vous avez choisies
Bien sûr, vous avez votre mot à dire sur les personnes qui prennent la parole pendant votre cérémonie, mais vous ne pourrez pas imposer ce rôle, au risque de voir la personne se désister à la dernière minute ou trembler comme une feuille pendant la cérémonie. Vos intervenants doivent être enthousiastes à l'idée de parler à votre mariage donc vous pouvez suggérer à une personne d'intervenir, mais vous devez rester ouverts d'esprit et accepter qu'il / elle puisse refuser.

… qui sont de bons orateurs
On pense souvent qu'il faut choisir des personnes qui parlent bien en public ou encore qui « écrivent bien ». Evidemment, c'est plus facile pour une personne à l'aise à l'écrit ou à l'oral de dire de belles choses, mais vous pourrez être très surpris de voir ce que quelqu'un est capable de préparer quand une mission lui tient à cœur. J'ai rencontré beaucoup d'intervenants qui ne savaient pas du tout comment arranger des mots pour écrire un discours (à commencer par les mariés qui doivent écrire leurs vœux) et pourtant toutes les personnes

qui ont voulu dire quelque chose de beau y sont parvenu.

… qui savent improviser

Cela m'est rarement arrivé, mais j'ai rencontré des personnes qui comptaient improviser pendant la cérémonie. Leur objectif était que leur discours soit « spontané » et « naturel ». Le souci, c'est que le résultat est plus souvent un peu bancal. Bien sûr, personne ne veut réciter quelque chose de pré-écrit, et chacun aimerait avoir ce « ton naturel » et cette « spontanéité » dans le discours. Mais les plus beaux discours qu'on entend (par exemple les discours de stars à la remise des Oscars ou les vidéos de Ted.com) sont des discours préparés, pré-écrits et répétés. Ce qui fait que le rendu est naturel, c'est la présence de l'orateur dans le moment et sa préparation. Mais la spontanéité n'est pas nécessairement dans l'improvisation.

Prendre la décision

Une fois que vous avez établi une liste de vos intervenants, trois cas de figure peuvent se présenter :

1. Vous tombez tout de suite d'accord sur les intervenants.
2. Votre ne trouvez pas réellement de personne pour prendre la parole.
3. Votre liste est très longue (plus de quatre personnes).

Dans le premier cas, tant mieux pour vous ! C'est maintenant à eux de jouer. Assurez-vous tout de même qu'ils sont réellement partants, surtout n'imposez le rôle d'intervenant à personne. La meilleure manière de proposer à quelqu'un d'être un intervenant est de bien lui expliquer le contexte puis de lui dire que vous avez pensé à elle / lui, et enfin lui laisser le temps de réfléchir avant de vous répondre. Reportez-vous à l'exercice 3 pour savoir comment leur proposer ce rôle.

Dans le deuxième cas de figure, si vous ne trouvez pas de personne pour intervenir, peut-être est-il préférable de ne pas prévoir d'intervenant. Une cérémonie peut être très touchante et personnelle, même sans autres discours que ceux de l'officiant.

Enfin, si vous vous trouvez dans le troisième cas et que vous avez une liste très longue d'intervenants potentiels, il existe un moyen de faire une sorte de tri.

Une journée de mariage est composée de plusieurs moments où des proches peuvent prendre la parole. En particulier, un intervention qui a lieu pendant la cérémonie est très différente d'une intervention qui aurait lieu pendant le dîner. Pendant le dîner, le ton est festif, relâché, il n'y a pas de thème en particulier, et le moment est approprié pour les vidéos et les animations, etc. Les discours de la cérémonie ont tendance à tourner autour du couple et de l'engagement. Les intervenants peuvent aussi être drôles et rester eux-mêmes, mais ils prennent la parole dans le contexte de l'échange des vœux et des alliances, ce qui donne inévitablement un « thème » à leur discours. Différentes personnes trouveront leur place à différents moments et vous pourrez ainsi identifier les intervenants de la cérémonie.

Exercice 2 : Compléter les fiches intervenants

Ci-après, vous trouverez un modèle de fiche à compléter pour chaque personne susceptible d'intervenir. Cette fiche vous aidera à définir le type d'intervention que chacun peut faire. Elle pourra être partagée avec l'officiant, notamment si celui-ci compte aider les intervenants à écrire leurs discours.

A photocopier

FICHE INTERVENANT

Cette fiche aidera l'officiant à prendre contact avec les intervenants et à les conseiller sur leur intervention. Complétez une fiche par intervenant. Tous les détails que vous pourrez donner aideront à leur préparation.

Prénom et nom	
Email	
Téléphone	
Age	
Rôle dans le mariage (ex : témoin, père de la mariée)	
Relation avec les mariés (histoire, passions communes, anecdotes)	
Pourquoi souhaitez-vous que cette personne intervienne ? Quel type de message peut-elle passer ?	
Type d'intervention préféré (discours, lecture de texte, musique)	

Exercice 3 : Comment proposer aux proches d'intervenir ?

Faites bien attention lorsque vous proposez à des proches d'intervenir lors de votre cérémonie. Il est important de garder en tête que toute participation à la cérémonie demandera de la préparation et un investissement en temps à vos proches. Avant de s'engager à participer à une cérémonie, une personne doit se poser les bonnes questions : est-ce que je m'en sens capable, est-ce que je saurai m'organiser et libérer le temps qu'il faut pour rédiger mon discours, est-ce que je serai à l'aise le jour J ? etc.

Bien sûr, si vous posez la question de but en blanc à un proche, il y a de grandes chances qu'il/elle vous réponde avec un oui ému et enthousiaste. Mais cette décision mérite d'être murie, c'est pourquoi je vous propose de prendre soin à la manière dont vous formulez votre proposition.

Une bonne manière de demander est la suivante :

« Nous allons laisser de la place aux interventions dans notre cérémonie et nous avons pensé à toi. Est-ce que c'est quelque chose qui te plairait ?

Nous savons que c'est un travail qui peut demander du temps et de l'organisation alors nous préférons que tu y réfléchisse tranquillement avant de nous répondre.

L'idée est de prendre la parole pendant 2 minutes sur un discours personnel que tu auras préparé et qui parle de *compléter pour lui donner une idée du thème et du ton de la cérémonie.*

Il y aura également de la place pour parler lors du cocktail ou du dîner si jamais tu préférais dire un mot sur un ton différent de celui de la cérémonie.

Nous serions vraiment heureux que tu parles, mais nous souhaitons que tu passes une journée sans stress, donc si la tâche ne te dit pas trop, n'hésite pas à nous en faire part, nous comprendrons. »

III.2 MARIÉS : BRIEFER LES INTERVENANTS

Lorsque vous proposez à des proches d'intervenir, il est important de leur expliquer le ton de la cérémonie, voire le thème du message à aborder. Vos proches seront friands de conseils et prendront toutes les indications que vous pourrez leur donner. Alors n'hésitez pas à en parler précisément avec ceux qui auront accepté ce rôle.

Par exemple, vous pouvez leur dire si vous aimeriez entendre des conseils ou si vous souhaitez qu'ils parlent de votre couple. Si un texte vous tient à cœur et que vous aimeriez qu'il soit lu et commenté, n'hésitez pas à le partager.

Enfin, n'hésitez pas à leur proposer de s'aider des chapitres suivants ou du livre complet « Lectures et Discours de cérémonie » pour rédiger un texte personnel et bien choisir leur angle d'approche.

Dans tous les cas, les interventions doivent correspondre à la personnalité de chacun. Une personne introspective et réfléchie prendra plaisir à passer des messages riches de sens sur l'amour et le mariage. Une personne qui vous connaît très bien sera capable de parler de votre couple et mettre en valeur votre relation et votre amour. Une personne qui a beaucoup de vécu saura partager des conseils de vie.

Si vous souhaitez que le contenu des discours reste une surprise pour vous, n'hésitez pas à confier à votre officiant la mission de briefer les intervenants et de les orienter par la suite.

III.3 OFFICIANT : GUIDER LES INTERVENANTS

Si les mariés veulent garder la surprise des discours, alors l'officiant jouera le rôle essentiel de coordinateur des intervenants. Guider les intervenants signifie apporter son aide sur plusieurs points.

1. Aider les intervenants à se lancer tôt dans la rédaction de leur discours

En tant qu'officiante, j'ai toujours offert mon aide à chaque intervenant plusieurs mois à l'avance, d'une part pour faire connaissance, et d'autre part pour les orienter vers le type de discours qui semblait le mieux correspondre à leur personnalité et leur relation avec les mariés.

Je m'assurais aussi ainsi qu'ils démarraient leurs réflexions suffisamment tôt, car un discours a besoin de se mûrir.

2. Garder les discours dans le ton de la cérémonie

La cérémonie est un moment particulier de la journée. Elle a pour thème principal l'amour et l'engagement des mariés : c'est le moment de l'échange des vœux et des alliances.

Un discours pendant une cérémonie sera donc très différent d'un discours au moment du cocktail ou du dîner. Il est important de rester dans le ton de la cérémonie et de ne pas écrire un discours trop en décalage par rapport à ce dernier.

L'officiant est ainsi un garant du ton de la cérémonie et aide les intervenants à y trouver leur place.

3. Obtenir les discours assez tôt

Pour les messages passés pendant la cérémonie, je me suis toujours imposé comme règle de donner la priorité aux proches : si j'avais développé un thème et que je découvrais ensuite qu'un des témoins avait rédigé son discours sur le même sujet, je reprenais mon texte et retirais les messages portés par le proche.

Il est important que le texte de l'officiant ne fasse pas doublon avec les discours des proches, c'est pourquoi obtenir les discours assez tôt est important. En effet, l'officiant peut encore avoir un travail de réécriture à effectuer derrière.

4. Sentir les malaises et risques de désistement

Si un proche n'est pas à l'aise avec l'idée d'intervenir, il l'exprimera plus facilement à l'officiant qu'aux mariés. Certains encore ne donneront pas de nouvelles et essaieront de se faire oublier par l'officiant.

C'est pourquoi un lien avec les intervenants doit se développer tôt. En participant à la préparation des discours, l'officiant saura identifier les personnes qui semblent mal à l'aise avec l'exercice et pourra clarifier les choses avec eux. S'ils souhaitent se désister, aidez-les à ne pas se sentir mal de le faire et aidez-les à transmettre l'information aux mariés.

5. Revoir le contenu des discours

L'officiant est le garant du ton de la cérémonie. Sa relecture permettra de vérifier que l'intervenant ne s'écarte pas du thème principal et surtout qu'il ne fait pas de faux-pas. L'intervenant doit pouvoir faire entièrement confiance à l'officiant sur ce point : même si les « censures » sont très rares, elles peuvent arriver, et souvent c'est à la demande des mariés que certains sujets ne doivent pas être abordés.

6. Comment contacter les témoins ?

Si vous ne connaissez pas les témoins personnellement, vous pouvez les contacter par email. Voici un exemple de message que vous pouvez leur envoyer :

Bonjour,

Je m'appelle Claire et Olivier et Sarah ont fait appel à moi pour rédiger leur cérémonie de mariage.

Je vous écris car Olivier / Sarah m'a dit que vous alliez peut-être intervenir pendant la cérémonie pour un discours personnel. Je prends donc contact avec vous pour en discuter.

La cérémonie va principalement tourner autour de leur couple et de leur engagement et Olivier m'a dit que vous les connaissiez très bien. Avez-vous une idée de ce que vous aimeriez dire ?

Pour ma part, la rédaction de la cérémonie se base sur des discussions que j'ai avec Sarah et Olivier et ensuite, je construis une structure en fonction des intervenants et de leur message. Le but est que les discours s'inscrivent dans un fil conducteur (aussi l'ordre de passage des intervenants n'est pas aléatoire mais dépend des messages que chacun choisit de passer). Ce serait donc idéal que nous nous coordonnions bien pour finaliser les textes assez tôt.

J'ai hâte d'entendre vos idées et je serai contente d'échanger avec vous par téléphone.

A bientôt !

III.4 OFFICIANT : PRÉSENTER LES INTERVENANTS

Une intervention se déroule en 3 temps :

1. Vous introduisez l'intervention, par exemple en présentant la personne qui va parler. L'idéal est de trouver une bonne transition entre ce que vous disiez juste avant et la présentation de l'intervenant.
2. Vous laissez la parole à l'intervenant.
3. Vous remerciez l'intervenant et concluez l'intervention.

Exemple d'introduction d'un intervenant :

Delphine et Guillaume ne se marient pas par tradition, ils ne se marient pas uniquement pour officialiser leur union. Ils se marient car ils ont une foi dans leur couple et qu'ils souhaitent matérialiser leur amour par un engagement.

Aujourd'hui, ils font un nouveau pas dans leur vie de couple, ils commencent un nouveau voyage. Et ils choisissent de le faire avec vous tous pour témoins.

Et en particulier, ils ont demandé à une personne de prendre la parole lors de cette cérémonie. Une personne qui connaît Delphine depuis de nombreuses années et surtout, une personne qui sait ce que signifie l'amour. Je laisse donc la place à Sandrine.

Quand l'intervenant a terminé, récupérez le micro et pensez à le/la remercier. Aussi, il est toujours touchant de voir les mariés embrasser l'intervenant avant qu'il/elle reprenne sa place.

Je vous conseille fortement d'obtenir les discours des intervenants à l'avance. Il y a deux raisons principales à cela :

1/ Il est important que les intervenants soient préparés et qu'il n'improvisent pas leur discours. Le fait de devoir les fournir à l'avance à l'officiant les oblige à bien se préparer.

2/ Afin de définir l'ordre de passage des intervenants, il faut savoir ce qu'ils comptent dire. Ainsi, vous pouvez définir la succession des interventions selon votre fil conducteur et la dynamique que vous voulez donner à la cérémonie.

***

La suite de ce troisième livre est dédié aux personnes invitées à intervenir pendant la cérémonie. Les conseils et exercices qui se trouvent ici sont extraits du livre « Lectures et Discours » et s'adressent aux proches des mariés qui préparent une lecture de texte ou un discours personnel.

III.5 INTERVENANTS : LES 7 RÈGLES D'OR

Une cérémonie compte très peu d'intervenants. D'ailleurs, bon nombre de cérémonies se limitent uniquement à l'échange des vœux et des alliances. Si vous avez été invité(e) à lire un texte ou dire un discours, c'est que votre intervention compte pour les mariés. Ils ne veulent pas juste remplir leur cérémonie, ils veulent vous entendre vous, entendre le message que vous avez à leur passer le jour de leur mariage. C'est pourquoi le rôle d'intervenant est un rôle à n'accepter que si vous partagez cette envie de prendre part à la cérémonie et si vous vous sentez à l'aise à l'idée de prendre la parole en public.

Ceci étant dit, voici les règles à garder en tête.

RÈGLE D'OR #1 : PERSONNALISER SON MESSAGE

De plus en plus de cérémonies aujourd'hui sont entièrement personnalisées, dès premiers mots jusqu'à la conclusion.

C'est pourquoi il est important que votre message aussi soit le plus personnel possible. Que vous choisissiez de lire un texte qui passe un message important à vos yeux, ou que vous écriviez des mots personnels, votre intervention doit être unique et elle doit vous ressembler. Alors, ne dites pas quelque chose que n'importe qui aurait pu dire. Ne lisez pas un texte que n'importe qui aurait pu lire.

Commencez par réfléchir à votre relation avec les mariés. Ceci vous aidera à choisir un thème pour votre discours. Par exemple, êtes-vous un parent / grand-parent qui pourra leur donner des conseils de vie ? ou êtes-vous un(e) ami(e) qui a appris de belles choses à leurs côtés ou qui voit un exemple d'amour dans leur couple ?

S'il y avait une chose que seul vous (et personne d'autre) pourriez leur dire, qu'est-ce que ça serait ?

RÈGLE D'OR #2 : SONDER LES MARIÉS

Ne restez pas seul(e) dans cette tâche difficile qu'est le choix d'un texte ou la rédaction d'un discours. N'hésitez pas à poser des questions aux mariés. Par exemple, vous pouvez leur demander pourquoi ils ont pensé à vous pour prendre la parole. Leur réponse pourrait vous surprendre et vous inspirer. Vous pouvez aussi essayer de savoir s'ils ont déjà imaginé votre intervention (c'est plus rare, mais certains mariés savent exactement ce qu'ils aimeraient entendre).

Voici quelques questions que vous pouvez leur poser :

- Y a-t-il un texte que vous aimeriez que je lise ?
- Qu'aimeriez-vous entendre de ma part ? des conseils, des souhaits de bonheur, un mot sur votre couple ?

Il y a tout de même des chances que les mariés soient aussi perdus que vous dans cette démarche. Dans ce cas, vous pouvez tenter de leur poser les questions suivantes pour essayer de comprendre leur état d'esprit.

- Est-ce que vous imaginez votre cérémonie plutôt solennelle, romantique, décontractée… ?
- Serai-je la seule personne à intervenir ?

RÈGLE D'OR #3 : ETRE VOLONTAIRE

Parler devant une audience n'est pas toujours facile et il est important que vous preniez du plaisir à le faire. Si vous n'êtes pas à l'aise, parlez-en assez tôt aux mariés et envisagez de vous désister. Les mariés seront peut-être un peu déçus, mais ils seront soulagés de savoir que vous passerez un bon moment pendant la cérémonie. Si vous ne vous sentez pas de tenir ce rôle, il y a un risque que vous le ressentiez encore plus fortement à l'approche de la cérémonie et que vous vous désistiez au dernier moment, ce qui serait encore pire.

En revanche, si vous vous lancez dans la rédaction d'un discours ou le choix d'un texte, assurez-vous que vous le faites avec enthousiasme. La cérémonie est le moment de leur engagement, c'est là qu'ils vont échanger leurs vœux et leurs alliances. C'est un moment crucial de leur journée de mariage et votre présence à leurs côtés signifiera beaucoup pour eux.

RÈGLE D'OR #4 : RESTER DANS LE TON DE LA CÉRÉMONIE

Il y a une grande différence entre les discours dits lors du dîner et ceux prononcés à la cérémonie.

La cérémonie est un moment de célébration de l'amour et surtout de l'engagement que les mariés prennent l'un envers l'autre. Certains mariés voudront rester dans un ton très classique, d'autres préfèreront une atmosphère détendue.

Pour vous aider à comprendre ce que les mariés attendent, n'hésitez pas à leur poser la question suivante :

Vous imaginez votre cérémonie comme plutôt :

- o Détendue
- o Solennelle
- o Romantique
- o Chaleureuse
- o Autre :

Attention, rester dans le ton de la cérémonie signifie surtout « choisir la bonne dose d'humour et d'émotion dans vos mots ». Mais vous devez bien sûr rester vous-même. Votre manière de penser et votre manière de parler doivent rester authentiques. Vous n'avez pas à être plus solennel(le) ou moins vivant(e) que d'habitude.

RÈGLE D'OR #5 : ECRIRE POUR LE DISCOURS

L'époque des bancs d'école est terminée et vous n'allez pas écrire une dissertation pour ce mariage. Vous allez juste préparer et structurer ce que vous comptez dire.

Ecrire un discours vous permet principalement :

- de réfléchir à l'avance aux bons mots ;
- de savoir comment vous allez conclure votre discours ;
- de dire l'essentiel et ne pas perdre le fil.

Ce n'est donc pas un exercice littéraire. Il s'agit juste de poser sur papier une version améliorée (car plus réfléchie) de ce que vous auriez dit spontanément.

Oubliez donc les tournures poétiques, les rimes et les longues métaphores. Soyez vous-même et parlez du cœur.

RÈGLE D'OR #6 : S'ADRESSER AUX MARIÉS

S'adresser aux mariés plutôt qu'aux invités résout de nombreux problèmes :

1- Vous êtes plus authentique
   En vous adressant aux mariés, vous pouvez être tout à fait vous-mêmes et passer un message personnel. Si vous écrivez pour vous adresser aux invités, vous allez penser à eux en écrivant votre discours et probablement passer à côté de l'essentiel de votre message.

2- Vous êtes plus intéressant(e)
   En vous adressant aux invités, vous risquez de dire beaucoup de généralités, tandis qu'en parlant aux mariés, vous allez pouvoir entrer dans le détail de votre pensée et parler de choses plus touchantes. C'est typiquement le cas pour les discours de type « conseils ». Si vous vous adressez aux invités, vous risquez de dire des banalités sur la définition du mariage et ce à quoi il engage le couple. Si vous vous adressez aux mariés, vous allez pouvoir parler de votre point de vue personnel, votre compréhension de qui ils sont et ce que vous voulez leur dire à eux.

3- Vous êtes plus détendu(e)
En parlant aux mariés, vous pouvez rapidement oublier qu'il y a des dizaines de personnes qui vous écoutent. Après deux phrases, l'assemblée n'existe plus pour vous ! C'est beaucoup plus facile et vous êtes automatiquement plus à l'aise.

RÈGLE D'OR #7 : ETRE PRÉPARÉ

Etre préparé signifie « pas d'improvisation ! ». Certaines personnes sont tentées de juste noter des idées et improviser le jour J pour être plus « spontané ».

Alors laissez-moi vous révéler un secret : être « spontané » n'est pas le résultat de l'improvisation mais de la présence dans le moment. Vous pouvez tout à fait sonner naturel et spontané sur un discours pré-écrit. En revanche, le fait d'improviser vous oblige à construire vos phrases sur le moment. Vous risquez alors de butter sur les mots et d'être surpris(e) par votre propre émotion.

En tant qu'officiante de cérémonie, mon « texte » a toujours l'air spontané, car il est vivant et très personnalisé. Mais en réalité, chacun des mots que je prononce est écrit et je recommande à toute personne qui se lance dans une prise de parole en public d'en faire autant.

Voilà pour les sept règles d'or du discours. Au fur et à mesure de l'écriture de votre intervention, pensez à revenir à ce chapitre et à vérifier que vous respectez encore ces règles d'or.

III.6 INTERVENANTS : TROUVER L'INSPIRATION

Si vous avez déjà tenté une ébauche de discours, alors vous avez sûrement rencontré les difficultés suivantes :

- ✓ Panne d'inspiration
- ✓ Manque de mots (« je sais ce que je pense, mais je ne sais pas comment le dire »)
- ✓ Difficulté à écrire des phrases simples qui font passer votre message

Les exercices de ce chapitre vont vous aider à trouver les mots justes et à mettre le doigt sur ce que vous voulez vraiment dire.

1. CHOISIR UN THÈME

Que vous choisissiez d'écrire un discours personnel ou de lire un texte, vous devrez savoir quel message principal vous voulez passer.

Voulez-vous parler d'amour ? d'engagement ?

Souhaitez-vous donner des conseils aux mariés ou tout simplement célébrer leur bonheur ?

Pour trouver l'inspiration, il faut vous demander ce que vous aimeriez dire et pourquoi.

Pour vous aider, j'ai listé quatre types d'intervention. Pour chaque type, cochez les affirmations qui vous correspondent fortement et découvrez le type d'intervention qui vous convient le mieux.

1.1. Les Conseils

Quelle(s) affirmation(s) vous ressemble(nt) ?

- o J'ai beaucoup de vécu
- o Je peux donner des conseils de vie
- o J'ai un lien de parenté avec un des mariés
- o Je suis quelqu'un de réfléchi / d'introspectif

- o On me dit que je suis de bons conseils
- o J'ai des valeurs fortes
- o Je suis quelqu'un de bienveillant

Si vous avez coché plusieurs des affirmations ci-dessus, votre intervention peut porter sur des conseils pour les mariés.

Dans l'exemple qui suit, la grand-mère de la mariée souhaitait partager son expérience d'une longue vie à deux et de plus de 40 ans de bonheur dans son mariage.

Exemple de discours avec des conseils

Mes chers petits-enfants,

Vous voilà prêts pour vous embarquer dans le même bateau pour un très long voyage, une aventure. Oui l'amour est une grande aventure puisqu'il engage tout notre être. Le mariage n'est pas fondé sur une promesse mais sur un amour réciproque qu'il faut entretenir.

Apprenez à parler ensemble. L'amour c'est la parole. Tant que vous vous parlez, vous vous aimez même si c'est pour vous dire des choses désagréables. Dans le mariage, les frottements sont inévitables mais tant qu'il y a frottement il y a contact. Vivre ensemble du soir au matin c'est facile mais vivre ensemble du matin au soir c'est autre chose.

Pourtant vous vous êtes embarqués vous faisant confiance et en regardant dans la même direction.

Même si les vents sont contraires il faut continuer d'avancer. Ne pensez pas à ce qui peut arriver, donnez-vous la main et foncez pour affronter l'adversité.

L'amour durable existe encore mais il faut vouloir que cela dure et accepter les changements, l'évolution de l'autre et ne pas tomber dans la routine, savoir se réinventer, être complice et avoir confiance.

La confiance est nécessaire pour qu'une véritable vie en commun soit possible dans un don de soi réciproque. Le fameux serment pour le meilleur et pour le pire traduit bien ce qu'est la confiance inconditionnelle.

Alors embarquez-vous, mes petits-enfants, pour une longue vie de bonheur !

1.2. Bonheur / Amour

Quelle(s) affirmation(s) vous ressemble(nt) ?

- o Je suis très touché(e) par cette union
- o Je suis très proche d'un des mariés
- o Je souhaite dire des paroles touchantes
- o Je suis admiratif(ve) de ce couple
- o Je veux créer un beau souvenir pour les mariés

Si vous avez coché plusieurs des affirmations ci-dessus, votre intervention peut parler de bonheur et d'amour.

Le discours ci-dessus (avec les conseils) offre aussi un bon exemple de discours parlant d'amour.

1.3. Philosophie / Valeurs

Quelle(s) affirmation(s) vous ressemble(nt) ?

- o Je connais les valeurs des mariés et je les partage
- o Il y a un sujet très important pour eux dont je sais bien parler
- o Je suis bien placé(e) pour représenter certaines valeurs fortes pour les mariés
- o Je suis de nature analytique / introspective et je saurai parler de leur couple de cette manière

Si vous vous reconnaissez dans ces affirmations, votre intervention peut parler de valeurs ou avoir un aspect philosophique.

Dans l'exemple qui suit, la témoin de la mariée a réfléchi sous un angle philosophique pour parler du couple.

Exemple de discours de type philosophique

Imaginez. Imaginez que vous êtes né dans une grotte, que vous avez grandi dans cette grotte, que vous avez toujours vécu dans cette grotte. Imaginez que tout au long de votre vie, vous avez toujours, toujours eu le dos tourné à la sortie de la grotte. Vous avez, sans vous en rendre compte, toujours tourné le dos à l'endroit d'où proviennent les rayons du soleil, la lumière. Imaginez que dans cette grotte, vous avez passé votre vie à admirer des objets, des choses de formes diverses qui défilaient sous votre nez : ce ne sont que des ombres, mais ça, vous l'ignorez. Il vous faut vous retourner du côté la lumière pour réaliser qu'en fait, ce ne sont que des ombres, que ce sont les reflets d'objets véritables qui circulent dans votre dos. Et puis un jour, peut-être par le plus pur des hasards, ou par une remise en question fondamentale de votre existence et de la vie, un jour, vous vous retournez. La lumière vous éblouit au point de vous faire mal, vous n'êtes peut-être pas prêt à l'accepter : toute votre vie, vous étiez dans l'ombre, dans le semblant, dans l'à peu près. Il va vous falloir désormais embrasser le vrai.

Vous avez certainement reconnu l'allégorie de la caverne racontée par Socrate, écrite par Platon et remixée par bibi. Si je l'ai choisie aujourd'hui, c'est pour vous faire comprendre les paroles que Maéva m'a dites un jour : « L'amour que j'ai pour Joël m'a fait douter de la vérité de tous les sentiments d'amour que j'avais pu éprouver avant lui. Comme si les autres, au final, ce n'était pas encore ça. Ça ressemblait, mais ce n'était pas ça ».

Maéva, je comprends tout à fait. Il nous arrive de faire des rêves qui semblent tellement vrais ! Peu importe à quel point ils semblaient réels, quand on se réveille, on sait que le rêve était le rêve, que le réel est le réel. On n'a pas vraiment de preuve, mais on le sait.

L'amour qui les réunit aujourd'hui, c'est lui le vrai. Il n'y a pas vraiment de preuves, les bagues, le champagne, notre présence aujourd'hui, ne nous disent rien sur la vérité de leur amour. Et puis, nous savons quoi de cet amour ? Eux, ils savent.

Sans aucune preuve, ils savent. Le rêve, c'était le rêve, les cauchemars, c'étaient les cauchemars, le réel, c'est le réel. Le réel n'est pas toujours beau, ni simple à gérer, on le sait ça, tout ce qu'on lui demande, c'est de rester vrai. Tel le philosophe qui, dans sa recherche de la vérité, découvre l'entrée de la caverne et ose embrasser le vrai, Maéva et Joël s'embrassent, ils sont l'un pour l'autre la vérité, ils se regardent sans masque, se montrent sous leur vrai jour et s'arment l'un de l'autre pour affronter, ensemble, le réel.

1.4. Passion / Expérience commune

Quelle(s) affirmation(s) vous ressemble(nt) ?

- o Je partage une passion commune avec l'un des mariés ou les deux
- o J'ai vécu une expérience forte et / ou enrichissante avec l'un des mariés ou les deux
- o Une de mes passions / expériences reflète parfaitement certaines valeurs de la vie de couple et de l'engagement

Si vous vous reconnaissez dans ces affirmations, votre intervention peut tourner autour d'une de vos passions ou d'une expérience commune.

Par exemple, dans le discours ci-dessous, le témoin du marié a créé son fil conducteur autour de leur passion commune de la montagne, et tout ce que l'expérience de l'alpinisme peut apprendre sur la vie à deux.

Discours sur le thème de la randonnée en montagne

Christophe, je suis heureux d'être ici aujourd'hui pour partager ce grand moment de ta vie avec toi. J'ai la chance de te connaître depuis de nombreuses années et je me réjouis que tu aies trouvé la personne avec qui tu veux parcourir la vie. On le sait tous les deux, quand on veut faire un long voyage, il vaut mieux avoir le bon partenaire.

Et justement Emilie, je vais te parler de ce Christophe, le Christophe de la montagne, celui que je connais le mieux.

Quand on fait de l'alpinisme, on est encordé. C'est un lien qui est là pour le meilleur et pour le pire. Un lien qui représente la sécurité et qui nécessite une relation de confiance. C'est aussi un lien qui crée une sorte de huis clos, comme quand on est 2 sur un bateau : on a plus de risques de s'engueuler.

Mais sans ce lien, sans ce risque, sans cette confiance, on ne peut pas atteindre le sommet. Et même si on y arrivait, il manquerait le partage, la personne avec qui on veut contempler le paysage une fois arrivé.

En bref, la montagne c'est comme la vie, à 2 c'est mieux !

Quand on se sent en sécurité, on fait des choses qu'on ne ferait pas seul. On peut réaliser de plus grandes choses, atteindre des objectifs qui ne s'atteignent qu'à deux. Bon on sait que la démotivation est contagieuse aussi et personne n'est à l'abri du mal de rimayes[1].

Surtout que la montagne est un milieu réputé difficile, plein de contraintes et dangers, qui nécessite des qualités qui sont aussi utiles dans la vie de couple.

Déjà, il faut une persévérance et une endurance (nourries aux pâtes de fruits et au lait concentré sucré). Il faut décider dès le

---

[1] Mal de l'alpiniste qui se sent soudain submergé par l'angoisse d'entreprendre la voie.

début qu'on ne baissera pas les bras face aux difficultés. Il faut avoir un mental d'acier pour savoir se remotiver.

Ensuite, il faut une adaptabilité et une bienveillance. Il vaut mieux faire une sortie de moins d'ampleur mais incluant tout le monde plutôt que de chercher à atteindre un objectif égoïste qui ne laisse plus de place au partage. Et ça c'est une des grandes qualités de Christophe, il place toujours la camaraderie avant la performance.

Il faut aussi avoir une certaine exigence et un perfectionnisme. On veut aller vers le haut, alors il faut être léger. Avoir le bon matériel pour ne pas se mettre en situation de difficulté.

Et enfin, il faut avoir un sens du renoncement. Même si on part avec une idée de ce que sera le trajet, il faut savoir rester flexible face aux surprises. Parfois, ça sera la météo, parfois une démotivation. Et même quand l'autre veut renoncer, il faut savoir adapter ses aspirations. Parfois l'un doit remotiver l'autre, parfois il faut savoir laisser ses attentes de côté car ce n'est pas tout d'atteindre le sommet, la qualité du chemin parcouru a toute son importance. Le plaisir doit être partagé, équitable. Vous l'avez compris, la route compte plus que la destination.

Pour ce long chemin que vous vous apprêtez à parcourir ensemble, je vous souhaite donc de partir bien équipés. De vous offrir mutuellement confiance et sécurité. De rester endurants et de ne pas baisser facilement les bras. De vous offrir de la camaraderie et de la bienveillance. De savoir renoncer quand il le faut et vous remotiver mutuellement.

Je vous souhaite d'atteindre les plus hauts sommets et que votre route soit toujours agréable et heureuse.

2. CHOISIR UN TEXTE

De prime abord, lire un texte plutôt qu'un discours peut sembler moins personnel. Pourtant, si les mariés vous ont fait une place dans leur cérémonie, c'est certainement car ce que vous avez à dire compte beaucoup pour eux. Il est donc important que vous choisissiez un texte qui vous ressemble. Un texte qui passe des messages qui vous parlent et autour duquel vous saurez construire un message personnel.

Il existe déjà de nombreux textes qui se sont imposés comme référence dans les cérémonies et que l'on trouve très facilement sur Internet. Mais vous avez l'occasion de sortir des sentiers battus.

Alors je vous propose de chercher un texte parmi vos références culturelles.

#1 Dans les livres qui vous ont marqués

Certains livres nous touchent car leur message profond est en accord avec notre pensée. Vous pouvez piocher dans les livres que vous avez lus récemment, mais aussi dans les contes d'enfants.

Par exemple, cet extrait du Petit Prince peut tout à fait s'inscrire dans une cérémonie :

> - Viens jouer avec moi, lui proposa le petit prince. Je suis tellement triste...
> - Je ne puis pas jouer avec toi, dit le renard. Je ne suis pas apprivoisé.
> - Ah! pardon, fit le petit prince. Mais, après réflexion, il ajouta : · Qu'est-ce que signifie « apprivoiser » ?
> - Tu n'es pas d'ici, dit le renard, que cherches-tu ?
> - Je cherche les hommes, dit le petit prince. Qu'est-ce que signifie « apprivoiser » ?
> - Les hommes, dit le renard, ils ont des fusils et ils chassent. C'est bien gênant ! Ils élèvent aussi des poules. C'est leur seul intérêt.

Tu cherches des poules ?

- Non, dit le petit prince. Je cherche des amis. Qu'est-ce que signifie « apprivoiser » ?

- C'est une chose trop oubliée, dit le renard. Ça signifie « créer des liens... »

- Créer des liens ?

- Bien sûr, dit le renard. Tu n'es encore pour moi, qu'un petit garçon tout semblable à cent mille petits garçons. Et je n'ai pas besoin de toi. Et tu n'as pas besoin de moi non plus. Je ne suis pour toi qu'un renard semblable à cent mille renards. Mais, si tu m'apprivoises, nous aurons besoin l'un de l'autre. Tu seras pour moi unique au monde. Je serai pour toi unique au monde...

- Je commence à comprendre, dit le petit prince. Il y a une fleur... je crois qu'elle m'a apprivoisé...

- C'est possible, dit le renard. On voit sur la Terre toutes sortes de choses...

(...)

- S'il te plaît... apprivoise-moi ! dit-il.

- Je veux bien, répondit le petit prince, mais je n'ai pas beaucoup de temps. J'ai des amis à découvrir et beaucoup de choses à connaître.

- On ne connaît que les choses que l'on apprivoise, dit le renard. Les hommes n'ont plus le temps de rien connaître. Ils achètent des choses toutes faites chez les marchands. Mais comme il n'existe point de marchands d'amis, les hommes n'ont plus d'amis. Si tu veux un ami, apprivoise-moi !

- Que faut-il faire ? dit le petit prince.

- Il faut être très patient, répondit le renard. Tu t'assoiras d'abord un peu loin de moi, comme ça, dans l'herbe. Je te regarderai du coin de l'œil et tu ne diras rien. Le langage est source de malentendus. Mais, chaque jour, tu pourras t'asseoir un peu plus près...

Vous pouvez également vous inspirer de cet extrait assez poétique de l'Alchimiste par Paolo Coelho :

C'est alors qu'apparut une jeune fille qui n'était pas habillée de vêtements noirs. Et ce fut comme si le temps s'arrêtait, comme si l'Âme du Monde surgissait de toute sa force devant le jeune homme. Quand il vit ses yeux noirs, ses lèvres qui hésitaient entre le sourire et le silence, il comprit la partie la plus essentielle et la plus savante du Langage que parlait le monde, et que tous les êtres de la terre étaient capables d'entendre en leur cœur. Et cela s'appelait l'Amour, quelque chose de plus vieux que les hommes et que le désert même, et qui pourtant ressurgissait toujours avec la même force, partout où deux regards venaient à se croiser comme se croisèrent alors ces deux regards près d'un puits.

Les lèvres enfin se décidèrent pour un sourire, et c'était là un signe, le signe qu'il avait attendu sans le savoir pendant un si long temps de sa vie, qu'il avait cherché dans les livres et auprès de ses brebis, dans les cristaux et dans le silence du désert. Voilà, c'était le pur Langage du Monde, sans aucune explication, parce que l'Univers n'avait besoin d'aucune explication pour continuer sa route dans l'espace infini.

Tout ce qu'il comprenait en cet instant, c'était qu'il se trouvait devant la femme de sa vie, et sans la moindre nécessité de paroles, elle aussi devait le savoir. Il en était plus sûr que de n'importe quoi au monde, même si ses parents, et les parents de ses parents, avaient toujours dit qu'il fallait d'abord faire sa cour et se fiancer, connaître l'autre et avoir de l'argent avant de se marier. Qui disait cela n'avait sans doute jamais connu le Langage Universel, car lorsqu'on se baigne dans ce langage, il est facile de comprendre qu'il y a toujours dans le monde une personne qui en attend une autre, que ce soit en plein désert ou au cœur des grandes villes. Et quand ces deux personnes se rencontrent, et que leurs regards se croisent, tout le passé et tout le futur sont désormais sans la moindre importance, seul existe ce moment présent, et cette incroyable certitude que toute chose sous la voûte du ciel a été écrite par la même Main. La Main qui fait naître l'Amour, et qui se repose, et cherche des trésors sous la lumière du soleil. Parce que, s'il n'en était pas ainsi, les rêves de l'espèce humaine n'auraient aucun sens.

#2 Dans des chansons

On l'oublie souvent, mais il est tout à fait possible de citer les paroles d'une chanson sans forcément entonner la mélodie.

Un bel exemple est « Je vous souhaite d'être vous » de Jacques Brel

Je vous souhaite des rêves à n'en plus finir,
et l'envie furieuse d'en réaliser quelques-uns.

Je vous souhaite d'aimer ce qu'il faut aimer,
et d'oublier ce qu'il faut oublier.

Je vous souhaite des passions.

Je vous souhaite des silences.
Je vous souhaite des chants d'oiseaux au réveil
et des rires d'enfants.

Je vous souhaite de résister à l'enlisement,
à l'indifférence,
aux vertus négatives de notre époque.

Je vous souhaite surtout d'être vous.

Certains proches inventifs pourront également personnaliser les paroles d'une chanson connue. C'est ce qu'a fait un témoin dans la reprise suivante d'une célèbre chanson de Charles Aznavour.

J'vous voyais déjà

Il y a 4 ans je quittais ma province
Bien décidé à empoigner la vie
Le cœur léger et le bagage mince

J'laissais derrière un couple heureux à Paris.

Chez le tailleur le plus chic j'ai fait faire ce complet bleu qui était
du dernier cris
Les amis, la famille et ce brin de folie
Nous réunissent pour cette cérémonie.

J'vous voyais déjà mari et femme
En dix fois plus gros que n'importe qui vos noms s'étalaient
J'vous voyais déjà portant cette flamme
Riant aux éclats, embrassant la vie que vous dessinez.

Elle est la plus flashante des filles du Mans
Faisant un succès si fort qu'Olivier en tombait debout.

Je le voyais déjà se demandant comment, comment pourrait-elle,
Elle qui est si belle, se pendre à son cou.

Il y est arrivé bien sûr, avec grande classe
Un match sur le central, le geste est précis, il a du ressort.

La flamme a grandi bien sûr en prenant de l'âge
Et je suis heureux d'être le témoin d'une telle union.

Rien que de penser à quel point je vous aime,
Vous voir devant moi après tout ce temps j'ai le cœur battant.

J'ai bien voyagé jusqu'à ma trentaine
Pour te voir en blanc j'aurais traversé tous les océans.

J'vous voyais déjà en photographie
Accoudés au bar l'hiver dans la neige, l'été au soleil
J'me voyais déjà racontant ma vie
De tonton blasé, à vos p'tits marmots friands de conseil.

Tenir sur un surf pour une première
Mille tentatives dans ce tout Noosa qui nous fait rêver
Barboter dans l'eau plutôt que par terre
Retour d'Australie sachant bricoler ou bien cuisiner.

Je suis étonné pourtant m'souvenant du lycée
Voir une cavalière, bottée et casquée, levant sa cravache
Dressant ce shooter adroit avec panache
Pour lui rançonner avec fermeté une main au panier.

Lui a réussi en tentant sa chance
Le beau-frère approuve avec grande joie et beaucoup d'allant
Moi je suis très fier de cette romance
Et ce jour est là, chantons donc ensemble cet amour brillant.

#3 Dans des films

Les films sont aussi une bonne ressource pour trouver des textes intéressants.

Un bel exemple est cet extrait du Fabuleux Destin d'Amélie Poulain :

> J'ai soudain le sentiment étrange d'être en harmonie avec moi-même, tout est parfait en cet instant, la douceur de la lumière, ce petit parfum dans l'air, la rumeur tranquille de la ville. J'inspire profondément car la vie me parait alors si simple, qu'un élan d'amour me donne tout à coup envie d'aider l'humanité tout entière.

J'ai déjà entendu des discours qui reprenaient des citations de séries TV, ce qui donnait un ton très moderne. Attention toutefois à ne pas tomber dans la « private joke », c'est à dire le clin d'œil que seules quelques personnes comprendront mais qui perdra tous les autres.

3. COMMENTER UN TEXTE

La lecture de texte est héritée de la cérémonie religieuse au cours de laquelle des extraits du livre saint sont lus. Lors d'une cérémonie non religieuse, la lecture de texte a réellement sa place s'il s'agit d'un texte qui plaît particulièrement aux mariés ou qui passe un message cher aux mariés ou à la personne qui souhaite intervenir.

Pour personnaliser votre intervention tout en vous reposant sur une lecture de texte, n'hésitez pas à ajouter votre propre message, votre propre analyse.

Votre lecture sera d'autant plus mise en valeur si vous l'introduisez et que vous la concluez.

Cet exemple commence par une citation suivie de souhaits personnels pour les mariés :

Martin Grey a écrit :

« Aimer, c'est partager des mots, des regards, des espoirs, des craintes.
L'Amour n'est jamais contrainte.
Il est joie, liberté, force.
L'Amour est emportement et enthousiasme.
L'Amour est risque.
N'aiment et ne sont pas aimés ceux qui veulent épargner, économiser leurs sentiments.
L'Amour est générosité, l'amour est prodigalité, l'amour est échange.
Qui donne beaucoup reçoit beaucoup en fin de compte.
Car nous possédons ce que nous donnons.
Aimer ce n'est pas mutiler l'autre, le dominer, mais l'accompagner dans sa course, l'aider.
Savoir accepter l'autre tel qu'il est.
Etre joyeux du bonheur qu'il trouve.

L'Aimer dans sa totalité : pour ce qu'il est, laideur et beauté, défauts et qualités.

Voilà les conditions de l'Amour.

Car l'Amour est une vertu d'indulgence, de pardon et de respect de l'autre. »

Juliette et Sam, que votre mariage ne soit pas la conclusion mais l'introduction d'une merveilleuse réalité, que jamais il ne devienne la chaîne qui retient, mais qu'il soit et reste votre liberté et celle de Léa et des enfants qui suivront peut-être, qu'il soit la lumière de votre vie et de la leur, qu'il soit la chaleur qui réchauffe et que l'on retrouve chaque jour avec une joie grandissante.

Ne vous aimez pas avec des grandes phrases faites de grands mots, avec de l'amour et des toujours qui ne durent jamais. Vivez votre amour non pas sur ce qu'il est, mais sur ce que vous allez en faire à travers le quotidien.

Qu'il trouve sa réelle dimension à travers les choses les plus banales.

Ne recherchez pas l'amour rejetant qui vous ferait oublier tous les autres pour ne voir que l'autre. Ne suscitez pas de haine ni de jalousie : votre amour doit être une joie pour tous.

Voila les conditions de l'amour, de l'entente. Car l'amour est vertu d'indulgence, de pardon et de respect de l'autre.

***

La lecture de texte offre de nombreuses possibilités. Une fois, c'est la maman de la mariée qui lui avait offert un livre sur la vie de couple : le jour de son mariage, elle a lu un passage qui lui plaisait particulièrement. Lors d'une autre cérémonie, c'est le texte d'une chanson que les mariés adoraient qui a été lu.

4. SE REPOSER SUR DES CITATIONS

Ces citations vont vous permettre de vous lancer et de trouver des idées. Vous pourrez vous reposer dessus et les commenter (comme dans l'exemple ci-dessus), ou alors vous pouvez juste vous en inspirer comme point de départ de votre discours et partir dans une toute autre direction.

Ce qui compte, c'est que vous trouviez votre inspiration et que la citation que vous choisissez vous parle. Je vous donne donc ci-dessous 19 citations sélectionnées avec soin à propos du mariage, de l'amour et du bonheur.

Citations à propos du mariage

1. Le mariage est la volonté à deux de créer l'unique.
    - **Friedrich Nietzsche**

2. Le mariage est et restera le voyage de découverte le plus important que l'homme puisse entreprendre.
    - **Sören Kierkegaard**

3. Le mariage est la traduction en prose du poème de l'amour.
    - **Alfred Bougeard**

4. Le mariage, c'est le plaisir délicat qu'on partage dans la tendresse et dans l'estime réciproque.
    - **Charles de Saint Evremond**

Citations à propos de l'amour

5. Le respect est ce que nous devons, l'amour est ce que nous donnons.
    - **Philip James Bailey**

6. Sans toi mon cœur est meurtri, je dépéris. Avec toi je revis et mon cœur guérit.
    - **Amy Softpaws**

7. L'amour est forcément divin, la preuve il accomplit des miracles.
   - **Catherine Rambert**

8. L'amour triomphe de tout.
   - **Virgile**

9. L'amour est patient, l'amour est doux. Etre amoureux veut dire perdre doucement la tête.
   - **27 robes (film 2008)**

10. La plus grande vérité qu'on puisse apprendre un jour est qu'il suffit d'aimer et de l'être en retour.
    - **Moulin Rouge (film 2001)**

11. On se demande parfois si la vie a un sens... et puis on rencontre des êtres qui donnent un sens à la vie.
    - **Gyula Halasz Brassaï**

12. L'amour est la seule maladie qui vous fait sentir mieux.
    - **Gin Sam Shepard**

Citations à propos du Bonheur

13. Le seul bonheur qu'on a vient du bonheur qu'on donne.
    - **Edouard Pailleron**

14. Lorsqu'une porte du bonheur se ferme, une autre s'ouvre ; mais parfois on observe si longtemps celle qui est fermée qu'on ne voit pas celle qui vient de s'ouvrir à nous.
    - **Helen Keller**

15. Le vrai bonheur ne dépend d'aucun être, d'aucun objet extérieur. Il ne dépend que de nous.
    - **Dalaï Lama**

16. Le bonheur est la seule chose qui se double si on le partage.
    - **Albert Schweitzer**

17. J'ai décidé d'être heureux car c'est bon pour la santé.
    - **Voltaire**

18. Si tu veux comprendre le mot bonheur, il faut l'entendre comme récompense et non comme but.
    - **Antoine de Saint Exupéry**

19. Dans un couple, peut-être que l'important n'est pas de vouloir rendre l'autre heureux, c'est de se rendre heureux et d'offrir ce bonheur à l'autre.
    - **Jacques Salomé**

Vous pouvez également simplement choisir une citation qui vous inspire. Par exemple, le discours qui suit repose sur une citation à propos du voyage et était particulièrement à propos car le marié était marin.

Discours sur le thème du voyage

A partir de la citation : « Le plus beau des voyages est celui que l'on n'a pas encore fait... »

Comme chacun sait, le voyage est un thème qui vous unit et qui vous est cher, alors quelle meilleure façon, aujourd'hui, de célébrer votre union en vous souhaitant « Bonne route », prêts à embarquer dans le plus beau des voyages sans retour, celui de votre Amour fidèle, fort et éternel.

Vous en traverserez des marées... hautes, basses, calmes ou mouvementées, mais vous saurez tenir la barre et votre confiance l'un en l'autre vous guidera toujours à bon port !

Alors vous nous retrouverez, les amis et la famille, pour partager vos joies et vos projets à venir, car nous vous aimons, nous sommes fiers d'être près de vous aujourd'hui et nous souhaitons continuer de voyager avec vous.

Puisse ce jour marquer le départ de votre belle aventure.

Embarquez sans crainte car si « le plus beau des voyages est celui que l'on n'a pas encore fait », vous êtes sur le point d'en commencer un des plus importants de votre vie, et il ne vous reste maintenant qu'à vivre le plus beau...

Envolez-vous vers ce pays mystérieux et profitez-y de chaque instant, savourez chaque délice, émerveillez-vous, prenez soin l'un de l'autre bien sûr et ne vous arrêtez jamais de rêver... et de voyager !

5. PARLER DU COUPLE

Quand on écrit un discours, on peut être tenté de raconter l'histoire du couple comme une petite biographie. Si ça peut être une bonne idée, il faut néanmoins faire attention à certains points :

Eviter d'uniquement relater des faits

Tout d'abord, souvenez-vous de la règle d'or #6 : vous devez vous adresser aux mariés.

Si vous vous adressez à eux en leur racontant leur propre histoire (qu'ils connaissent d'ailleurs encore mieux que vous pour l'avoir vécue), vous n'êtes pas vraiment en train de leur parler à eux. A moins bien sûr d'avoir des détails inédits à ajouter. Par exemple, si vous êtes un ami proche, vous pouvez dire à quel moment vous avez vu que leur couple était réellement parti pour durer.

Attention aux faux-pas

Les mariés ne veulent peut-être pas que toutes les anecdotes de leur vie de couple tombent dans le domaine public. Avant de révéler des sujets sensibles, il peut être pertinent de vérifier avec les mariés qu'ils n'y voient pas d'opposition.

Les sujets sensibles peuvent porter sur : les petites bêtises qu'ils ont faites ensemble, les épreuves qu'ils ont dû surmonter ou encore les secrets qu'ils vous ont confiés (même les plus attendrissants).

Une bonne approche pour parler des mariés est donc de choisir quelques traits ou anecdotes que vous raconterez de manière personnelle.

Dans l'extrait ci-dessous, la maman de la mariée révèle des traits du couple de manière très personnelle et tout en s'adressant à eux.

Extrait de discours sur le couple

Je sais que vous avez conscience de votre engagement mutuel et des obligations que vous vous devez dorénavant devant la loi.

Quentin, tu as signé pour devoir écraser les araignées aussi petites soient-elles toute ta vie ;

Tu as signé pour devoir descendre les poubelles ;

Tu as signé pour devoir approuver les séances de shopping de Caroline ;

Tu as signé pour trouver des rangements pour toutes ses paires de chaussures…

Enfin bref, tu as signé pour la vie…

Les questions ci-dessous peuvent vous aider à trouver des idées pour parler du couple.

- Comment ont-ils évolué depuis qu'ils sont ensemble ?
- Quelles qualités ont-ils gagné au contact l'un de l'autre ?
- Comment voyez-vous qu'ils sont heureux ensemble ? Y a-t-il des indices évidents ?
- Comment se comportent-ils l'un avec l'autre ? Comment conjuguent-ils leurs qualités et leurs différences ?

6. LE DISCOURS SPIRITUEL

La cérémonie laïque est souvent une alternative à la cérémonie religieuse. Au point qu'il est possible de penser que la spiritualité n'a pas sa place dans une cérémonie laïque. Pourtant, certains couples optant pour ce modèle de cérémonie sont croyants et aimeraient garder une place pour leur foi dans leur cérémonie. Il peut s'agir de couples de religions différentes, de couple où l'un des conjoints est divorcé et ne peut donc plus se marier à l'église ; ou encore d'un couple de même sexe qui ne peut pas non plus se marier à l'église.

En tant qu'officiante, je ne me suis jamais substituée à un représentant de la religion et je n'ai pas moi-même évoqué la religion dans les cérémonies que j'ai écrites. En revanche, quand le couple est croyant et qu'il souhaite donner un place à la spiritualité, je leur conseille d'inviter un proche à intervenir. Ce proche devient alors la personne qui représente la foi des mariés.

Si vous êtes amenés à tenir ce rôle, vous pourrez choisir soit de lire un extrait d'un livre saint, soit de dire une bénédiction, ou encore d'écrire un discours personnel mais mettant en avant ces valeurs.

7. ET SI VOUS ÊTES À COURT D'IDÉES ?

Si vous n'avez aucune idée et que vous vous trouvez devant une feuille blanche, l'exercice qui suit a fait ses preuves !

Imaginez que vous êtes au bout du monde et que vous n'allez pas pouvoir être présent(e) au mariage. Vous voulez écrire une lettre aux mariés pour leur dire ce que vous ressentez à cette occasion et ce que vous leur souhaitez. Cette lettre n'est qu'entre vous et eux.

Pour faire cet exercice, commencez vraiment la lettre en expliquant que vous êtes coincé(e) à l'autre bout du monde et que vous êtes vraiment triste de ne pas pouvoir être là. Puis, dites-leur ce que vous pensez de leur couple, de leur union, de ce qu'ils sont ensemble et de la manière dont ils vous inspirent.

Cet exercice libère de la pression de la « représentation » devant un public et permet d'aborder tous les sujets aussi personnels soient-ils.

Dans un second temps, vous pourrez reprendre cette lettre et la transformer en un discours à faire le jour J, mais il est vraiment important de jouer le jeu à la première étape et de rester sur la lettre personnelle et le contexte du bout du monde.

À votre tour !

Faites un choix de thème, commencez à gribouiller un discours. Si cela peut vous aider, vous pouvez même démarrer en vous enregistrant sur un dictaphone : dites tout ce qui vous passe par la tête, vous pourrez faire le tri après. Votre mission à ce stade est de poser les idées qui vous parlent le plus. Puis, une fois que vous avez une première ébauche ou une idée de ce que vous aimeriez dire, vous pourrez passer au chapitre suivant : les techniques de rédaction.

III.7 INTERVENANTS : TECHNIQUES DE RÉDACTION

Je vous donne ici une méthode pour rédiger un discours pas à pas. Cette méthode se déroule en 4 étapes.

1- Poser des idées
2- Ecrire une première version
3- Rédiger une conclusion
4- Rédiger l'accroche du discours

Avant de vous lancer dans la rédaction, vous vous posez probablement une question que toute personne invitée à prendre la parole se pose :

QUELLE LONGUEUR LE DISCOURS DOIT-IL FAIRE ?

La réponse est : il doit durer 2 minutes.

Bien sûr si vous avez plus de choses à dire, vous pouvez dépasser cette durée. Mais 2 minutes est une très bonne durée pour un discours : ça vous laisse le temps de dire assez de choses mais vous n'avez pas à vous soucier de « maintenir l'attention » car vous restez relativement concis(e).

Souvent les intervenants me disent « je vais faire quelque chose de court, pas plus de 5 minutes ». Quand on n'a jamais écrit de discours, on pense que 5 minutes, c'est court. Mais 5 minutes à monologuer, ça peut rapidement sembler très long. Alors je recommande 2 minutes. Bien sûr, quand on a des choses à dire et qu'on les dit bien, il n'y a pas de raison de se limiter. C'est donc à vous de juger.

A présent, passons aux quatre étapes de la méthode.

1. POSER LES IDÉES

Au stade de la recherche d'inspiration, vous devez absolument oublier la forme et noter vos idées avec vos propres mots.

Quand on commence à rédiger un discours, on peut être très tenté de chercher des tournures de phrase et penser d'abord à « comment je veux dire ça ? ». Mais réfléchir trop tôt à la forme peut vous bloquer dans votre inspiration.

Pour commencer, listez uniquement vos idées en vous aidant des conseils et des questions du chapitre III.6. Ne vous inquiétez pas si ce que vous trouvez ne sonne pas assez « beau » ou « poétique ». Vous aurez tout le temps de modifier la forme : la priorité dans un premier temps est au fond.

2. ÉCRIRE UNE PREMIÈRE VERSION

Une fois vos notes prises en vrac, vous aurez plusieurs idées, voire quelques paragraphes d'écrits. C'est le moment de faire un premier jet de votre discours.

Ce premier jet peut être une succession de vos notes dans l'ordre mais sans lien ou transition aboutie.

Vous pouvez bien sûr essayer de lui donner plus de forme, notamment en vous inspirant des différents exemples de discours ou en faisant l'exercice du bout du monde présenté quelques pages plus tôt.

L'étape du premier jet peut sembler difficile car nous avons l'impression de figer notre discours en lui donnant une forme. Il faut donc juste oser se lancer et garder en tête que tous les changements sont encore possibles.

3. RÉDIGER UNE CONCLUSION

Votre discours peut se conclure de plusieurs façons :
- En souhaitant de belles choses aux mariés ;
- En leur disant à quel point vous croyez en eux et en leur amour ;
- En leur donnant un conseil personnel.

Voici quelques exemple de fins de discours :

« Elodie, Nicolas, je vous souhaite, et je sais que tout le monde ici présent se joint à moi, une belle vie à travers votre mariage. Comptez sur moi pour vous rappeler cet engagement que vous prenez l'un envers l'autre aujourd'hui. Votre bonheur vous appartient et est un exemple pour chacun d'entre nous, témoins de votre amour. »

« Nous sommes si fières d'être témoin du jour J, du jour où vous vous dites « oui » pour la vie. On vous souhaite de poursuivre cette belle vie à deux que vous construisez depuis déjà 7 ans. Sachez combiner vos forces et vos faiblesses, vos joies et vos tristesses, pour maintenir cet équilibre dont vous avez le secret et qui est la base de votre union. Chérissez toujours cette harmonie parfaite qui fait la réussite de votre beau duo. Alors que vous vous préparez à ce long voyage ensemble, nous vous souhaitons tout le bonheur du monde, une vie remplie d'amour et nous finirons simplement par ces 3 mots: On vous aime. »

***

« Je terminerai ce discours en vous disant...
Caroline : Je t'aime, je suis fière de toi et je te souhaite une vie harmonieuse, équilibrée et emplie de bonheurs auprès de Quentin.
Quentin : Je te souhaite de trouver auprès de ma fille tout l'amour et la sérénité que tu peux attendre.
Voilà ce sont les seuls mots que je souhaitais que vous entendiez. »

4. RÉDIGER L'ACCROCHE DU DISCOURS

L'accroche dépend beaucoup de ce que vous allez dire dans votre discours. C'est pourquoi, il faut savoir ce qu'on compte dire et les messages que l'on compte développer avant d'écrire l'accroche.

Une fois que votre discours sera écrit, votre accroche vous viendra spontanément. Vous n'avez pas besoin d'une introduction très élaborée, dites juste quelque chose de simple et de vrai.

Si toutefois vous avez tout terminé, mais que vous ne savez toujours pas comment commencer, vous pouvez aussi utiliser une des accroches ci-dessous :

<Prénom>, <Prénom> (les mariés), je suis heureux(se) d'être ici aujourd'hui et honoré(e) de prendre la parole pendant votre cérémonie. S'il y a une chose que je veux vous dire en un jour si important pour vous deux, c'est celle-ci...

***

<Prénom>, <Prénom> (les mariés), j'ai beaucoup réfléchi à ce que je pouvais vous dire aujourd'hui, tandis que vous commencez cette nouvelle étape dans votre couple...

***

Bonjour à tous, je suis <votre prénom>, <votre relation avec les mariés>, et j'ai préparé quelques mots à l'occasion de cette cérémonie...

III.8 LE PEAUFINAGE DU DISCOURS

S'ENTRAÎNER À VOIX HAUTE

S'entraîner à voix haute présente deux avantages :

- Cela vous permet de vérifier que vous vous reconnaissez dans les mots que vous avez écrits : en disant les mots à voix haute, vous identifierez les tournures qui ne vous ressemblent pas.

- Cela vous permet de vous entraîner à prononcer votre discours avec naturel et présence, ainsi vous garderez cet effet « spontané » tout en étant préparé(e).

Votre entraînement doit vous permettre de répondre aux questions suivantes : comment allez-vous prononcer votre discours ? Où allez-vous placer vos intonations ? Où allez-vous faire des pauses ?

Entraînez-vous à parler plus lentement que d'habitude, vous verrez, face à l'assemblée des invités vous aurez une tendance naturelle à parler un peu trop vite. Plus vous vous serez projeté(e) dans ce moment, plus vous serez capable de prendre du recul et maîtriser votre rythme.

Souvenez-vous que personne n'attend rien de vous, à part le fait que vous soyez vous-même. Vous entraîner à voix haute vous aidera justement à être plus présent(e), à être davantage vous-même.

SIMPLIFIER SES PHRASES

Lorsque l'on écrit un discours, on est tenté de créer de jolies phrases, longues et poétiques. On se sent investi d'une responsabilité de bien écrire, d'avoir une plume et un style.

Pourtant, il y a au moins trois inconvénients aux phrases complexes et littéraires :

1. elles sont plus difficiles à comprendre : les invités devront se concentrer. Du coup, il y a de grandes chances qu'ils choisissent juste de décrocher en attendant que vous ayez fini ;
2. vos phrases risquent de ne pas ressembler à votre manière habituelle de parler, ce qui donne un air de « faux » ;
3. elles sont aussi plus difficiles à écrire.

En plus, ce qui sera beau, touchant et mémorable dans votre discours, ce ne sera pas forcément les belles tournures de phrases. Ce qui compte c'est ce que vous allez dire, votre message. Parfois, même quelque chose de très simple peut être vraiment touchant juste parce qu'on ne le dirait pas d'ordinaire, mais que ce jour-là, on l'exprime.

Alors oubliez les phrases longues et littéraires, écrivez comme vous parlez, car après tout ce texte ne sera pas lu mais entendu.

Et surtout, évitez les tournures grammaticales complexes, telles que :

Les propositions participiales

Proposition subordonnée, introduite par aucun mot subordonnant :

Cette aventure terminée, ils poursuivirent leur chemin.

Le passé simple

C'est un temps que l'on accepte très facilement à l'écrit, mais qui peut donner un ton trop littéraire à un discours qui se veut vivant.

Par exemple, au lieu de dire « En 2016, ils emménagèrent à Reims », dites plutôt « C'est en 2016 que vous emménagez à Reims ».

Les phrases longues qui requièrent de mobiliser notre mémoire

Mon conseil : à chaque fois que vous voulez mettre une virgule, voyez si vous pouvez mettre un point et diviser la phrase en deux phrases distinctes.

Les extrêmes opposés

« Il ne lui aurait jamais dit qu'il l'aimerait pour toujours. »

Avoir « jamais » et « toujours » dans la même phrase rend la phrase difficile à comprendre de prime abord.

***

A votre tour ! Reprenez les phrases longues et les tournures complexes de votre texte pour fluidifier votre discours.

Gardez toujours en tête que le langage écrit pousse à utiliser un vocabulaire différent du langage parlé, mais vous ne devez pas vous laisser prendre au piège, car ce que vous écrivez est destiné à être dit, et non lu.

Quand vous avez noté vos premières idées, vous avez utilisé les mots et tournures qui vous venaient naturellement. Gardez-les tels quels et ne cherchez pas à les "améliorer", vous risqueriez de sacrifier l'authenticité au passage.

PARTAGER SON BROUILLON

Quand je suis l'officiante d'une cérémonie, je relis les discours des intervenants pour m'assurer qu'ils sont en adéquation avec le ton de la cérémonie et c'est aussi l'occasion de donner un petit coup de pouce ou quelques conseils. Mais les mariés voudront certainement garder la surprise et ne découvrir votre discours que le jour J. Si c'est le cas, confiez votre discours pour relecture à un proche.

Vous pourrez ainsi avoir l'avis d'une autre personne sur la clarté de votre message et aussi sur le fond de votre discours. Le but n'est pas que la personne re-écrive selon ce qu'elle aurait dit à votre place : il s'agit uniquement d'avoir un avis extérieur et de vérifier que le message que vous souhaitez passer est bien compris.

ETRE INDULGENT ENVERS SOI-MÊME

L'indulgence envers soi-même est une étape du peaufinage. Demandez-vous pourquoi il est si difficile d'écrire un discours. De trouver les mots à mettre sur ce que l'on souhaite dire et d'ordonner ses idées dans un message touchant et compréhensible ?

La réponse est simple : nous n'y sommes pas habitués.

Chaque jour, nous partageons les joies de nos proches, mais nous avons rarement à « disserter » sur le sujet.

C'est là qu'il est très important de ne pas se donner des objectifs trop difficiles à atteindre. Restez indulgent(e) envers vous-même et n'oubliez pas que votre discours ne reste que la simple expression de vos sentiments et de vos réflexions. Si votre relation avec les mariés est habituellement simple et chaleureuse, votre discours doit être de la même nature.

IMPRIMER SON TEXTE

Personne n'attendra de vous que vous connaissiez votre discours par cœur.

Moi-même, en tant qu'officiante, je répète mes cérémonies plusieurs fois pour ne pas avoir besoin de lire mes notes. Mais le jour J, j'ai tout de même une version écrite de l'ensemble de mon discours sous les yeux, juste au cas où ! L'émotion peut nous jouer des tours, alors mieux vaut avoir une bouée de sauvetage.

Par précaution, pensez aussi à confier une copie de votre discours à une autre personne (de préférence l'officiant(e) de la cérémonie) qui pourra aussi imprimer un exemplaire de secours.

Pour l'impression, je vous conseille la police de caractère Calibri en taille 14 et avec un interligne d'1,5 (pour ne pas avoir à plisser les yeux).

Lorsque vous répétez, pensez à répéter sur cette dernière version imprimée.

LIVRE IV

Ecrire ses vœux de mariage

Allez-vous échanger des vœux personnels lors de votre cérémonie de mariage ? Cela ne tient bien sûr qu'à vous, mais afin de prendre une décision éclairée, il faut bien comprendre de quoi il s'agit.

Traditionnellement, les vœux de mariage se limitent au consentement. Par exemple, les vœux classiques de l'Eglise tiennent en quelques phrases :

- Laurence, veux-tu être ma femme ?
- Oui je le veux. Et toi Antoine, veux-tu être mon mari ?
- Oui je le veux. Moi Antoine, je te reçois comme épouse et je serai ton époux. Je te promets de t'aimer fidèlement dans le bonheur et dans les épreuves tout au long de notre vie.
- Moi Laurence, je te reçois Antoine comme époux et je serai ton épouse. Je te promets de t'aimer fidèlement dans le bonheur et dans les épreuves tout au long de notre vie.

Mais l'échange des vœux peut aller bien au-delà d'un simple consentement et devenir le moment le plus touchant de la journée de mariage. C'est lors de l'échange des vœux que tous les proches peuvent réellement être les témoins de l'amour des mariés et comprendre leur engagement.

Les vœux sont incontournables pour les futurs mariés qui :

- désirent exprimer ce qu'ils ressentent, la raison de leur engagement et les promesses qu'ils souhaitent se faire ;

- souhaitent trouver leurs propres mots, hors des clichés et modèles tout faits ;

- veulent exprimer leurs sentiments à leur manière et avec leurs propres mots (même s'ils ne savent pas encore comment les exprimer) ;

- désirent partager leur vision de leur engagement avec leurs proches, car il faut le dire, les vœux seront entendus de tous.

Vous n'êtes pas encore sûr(e) de vouloir échanger des vœux personnels ? Feuillez les pages qui suivent et tentez les exercices. Même si vous finissez par garder ces vœux pour vous, vos réponses pourront non seulement vous permettre de continuer à réfléchir à votre engagement, mais aidereront aussi votre officiant(e) à savoir comment parler de votre couple.

IV.1 TROUVER L'INSPIRATION

Si vous avez déjà tenté une ébauche de vos vœux, alors vous avez sûrement rencontré les difficultés suivantes :

✓ Panne d'inspiration

- ✓ Manque de mots (« je sais ce que je ressens, mais je ne sais pas comment le dire »)
- ✓ Difficulté à écrire des phrases simples qui font passer votre message

Les exercices de ce chapitre vont vous aider à trouver les mots justes et à mettre le doigt sur ce que vous voulez vraiment dire. Dans le chapitre IV.2., vous découvrirez comment structurer vos vœux avec toutes les notes que vous aurez rassemblées ici.

OUBLIER LA FORME

Au stade de recherche d'inspiration, vous devez absolument oublier la forme et noter vos idées avec vos propres mots.

Quand on commence à rédiger des vœux, il est très tentant de chercher des tournures poétiques. Mais réfléchir trop tôt à la forme peut vous bloquer dans votre inspiration.

Pour commencer, écrivez sur un papier quelques traits que vous aimez chez votre moitié.

Ne vous inquiétez pas si ce que vous trouvez ne sonne pas assez « beau » ou « poétique ». Les qualités peuvent être des choses très simples : par exemple, dire à sa moitié qu'on est touché(e) par son honnêteté et sa gentillesse a beaucoup de sens dans des vœux.

Dites ce que vous voulez, mais n'oubliez pas : la règle ici, c'est d'écrire avec vos mots, comme si vous étiez en train de parler de votre moitié à un(e) vieil(le) ami(e).

Vous pourrez penser à la forme quand vous commencerez à structurer vos vœux. Mais même là, il reste important de garder en tête que vos vœux n'ont pas à ressembler à *des vœux*, ils doivent vous ressembler à vous.

Penser à la forme trop tôt bloque l'inspiration. C'est pourquoi vous devez vraiment écrire toutes vos idées avec vos propres mots, sans penser à la structure ni à la manière dont vous comptez le dire à la fin.

LES PROMESSES

A un moment de vos vœux, vous ferez probablement des promesses.

Traditionnellement, les époux se promettent de s'aimer et de se chérir, dans la richesse comme dans la pauvreté, dans la santé comme dans la maladie…

Mais écrire vous-mêmes vos vœux vous permet de sortir des sentiers battus. Vous pouvez choisir ce que vous voulez réellement vous promettre.

Par exemple, des futurs mariés avec qui je préparais une cérémonie ne souhaitaient pas se promettre de rester ensemble *quoi qu'il leur arrive*. Bien sûr, ils prévoyaient de vieillir ensemble et espéraient s'aimer toute leur vie, mais plutôt que de se promettre de rester ensemble, ils voulaient se promettre de toujours faire de leur mieux pour toujours être digne de l'amour de l'autre. Ils ont donc écrit des promesses dans cet état d'esprit.

Vos promesses peuvent être celles auxquelles vous avez réfléchi pour vous-même, en connaissant bien les forces de votre couple ainsi que vos projets.

Les questions suivantes peuvent vous aider à trouver les promesses que vous voulez vous faire :

- Que désires-tu lui apporter ? Lui offrir ?
  Exemple : une oreille pour l'écouter, ma patience, mon soutien

- Comment veux-tu la/le faire se sentir ?
  Exemple : aimé(e), important(e), en sécurité

- Qu'est-ce que je fais pour lui/elle que je ne ferais pour

personne d'autre ?
Exemple : toujours te dire ce que j'ai sur le cœur, même quand c'est dur à dire

LES PROMESSES HUMORISTIQUES

Inclure quelques promesses humoristiques peut aussi être une bonne idée. Par exemple, voici un extrait des vœux d'un jeune marié :

« Je te promets de toujours être à tes côtés dans les bons et les mauvais moments, de toujours t'aider dans tes nombreuses séances shopping et de t'aimer aux quatre coins du monde. »

Jonathan

La référence aux nombreuses séances de shopping a fait sourire les invités car ils connaissaient tous bien ce trait de la mariée.

Une promesse humoristique permet de détendre l'atmosphère qui est très chargée émotionnellement pendant les vœux. Attention toutefois à ne pas faire de faux-pas. Il faut notamment éviter les private jokes (les blagues que seules quelques personnes comprendront) et les moqueries ou taquineries (même gentilles) qui peuvent être mal interprétées.

Exemples de promesses « humoristiques » :

- Je promets de toujours garder un pot d'Häagen Dazs dans le congélateur.
- Je promets de rincer les assiettes avant de les mettre dans le lave-vaisselle.

Commencer par lister ces promesses est une bonne manière de

donner le ton de ses vœux : on sait où on veut en venir, donc écrire ses vœux devient plus facile.

NOTRE PASSÉ

Il peut être tentant de commencer ses vœux en parlant des débuts du couple, de la rencontre.

Parfois, la rencontre est un évènement très marquant et j'ai déjà coaché une future mariée qui a dit très honnêtement que quand elle avait vu son fiancé pour la première fois, elle avait « su ». Ce n'était pas du tout son style de dire des choses comme ça, mais là c'était tellement vrai qu'elle avait besoin de le dire.

Mais le passé ne se limite pas à la rencontre. Voici quelques phrases à compléter qui pourront vous aider à trouver ce que vous pouvez dire à ce sujet :

- Avec toi, j'ai appris…
- Tu m'as fait découvrir…
- Avant, j'étais [comme-ci], mais grâce à toi [je suis devenu(e)]
- Nous avons vécu…
- J'ai su que je voudrais partager ma vie avec toi quand…

N'hésitez pas à préciser pourquoi ces choses comptent pour vous et comment elles vous ont fait vous sentir (exemple : plus fort(e), épanoui(e), « une nouvelle personne »).

NOTRE AVENIR

Parler de l'avenir peut être tourné ainsi :

- « Je veux ceci avec toi ».

- « Je rêve de cela pour notre vie ».
- « Nous ferons ceci, nous aimerons cela ».

Si vous avez une vision de ce dont vous rêvez pour votre avenir, vous pouvez en faire une première liste.

N'oubliez pas d'écrire toutes ces idées simplement et avec vos mots. Personne ne va lire ce que vous gribouillez ici.

Si une approche ne vous inspire pas, ne vous inquiétez pas. Certaines personnes oublient vite le passé, d'autres ne se projettent jamais dans l'avenir, ce n'est juste pas dans leur nature. Il n'y a aucune obligation à pouvoir répondre à toutes les questions, ces exercices sont des prétextes pour trouver de l'inspiration. Vous êtes libre de sauter ceux qui ne vous inspirent pas et de vous attarder sur ceux qui vous donnent plein d'idées.

LE PRÉSENT

Parfois, ce n'est ni le passé, ni le futur qui nous inspire, mais juste le présent.

> « Grâce à toi, je me sens forte. Tu me donnes toujours ton soutien, ta confiance : tu m'aides à avancer et à poursuivre mes rêves. Tu m'as dit plusieurs fois que tu croyais en moi, mais surtout, tu me l'as prouvé. Je ne te remercierai jamais assez du soutien que tu me donnes. Moralement quand je veux baisser les bras et physiquement quand je commence à fatiguer. Tu es celui qui m'encourage quand je ne crois plus en moi et qui me fait un chocolat chaud quand je suis malade. Tu es mon compagnon, mon équipier, mon ami et mon amour. »

Par exemple, vous pouvez compléter ces phrases :

- Quand je suis avec toi, je me sens…
- Avec toi, j'arrive à [être / faire]
- Tu me montres / Tu me fais connaître…
- Tu agis [de telle manière]

Chaque fois, n'hésitez pas à préciser comment tout cela vous fait vous sentir.

L'ANECDOTE

Parfois, ce qui fait qu'on aime quelqu'un tient à très peu de choses. Ce sont des petits détails anodins qui font que cette personne est si unique à nos yeux.

> « Depuis 5 ans qu'on vit ensemble, je t'ai sûrement dit tous les jours que je t'aimais. Mais je ne t'ai pas souvent dit pourquoi. Alors aujourd'hui, je veux te le dire. Je t'aime parce que tu m'impressionnes. Tu m'impressionnes par ta patience et ta générosité. Tu m'impressionnes par ta gentillesse et toutes les petites attentions que tu offres si naturellement. Mais surtout, tu m'impressionnes parce que tu fais semblant de perdre au backgammon avec moi juste pour me faire plaisir, alors que tu détestes perdre. »

Parler d'une anecdote peut être un bon moyen de transmettre, avec des mots simples, un trait de votre moitié, une chose que vous aimez chez elle / lui. Grâce à l'anecdote, vous n'avez pas à parler de concept ou à trouver des mots : c'est l'anecdote qui transmet le message.

Les questions suivantes peuvent vous aider à trouver une anecdote qui représente bien votre couple, qui illustre une chose unique à vos yeux, une chose qui nourrit votre amour.

- Qu'est-ce qu'il/elle fait, que personne d'autre ne fait, et que tu aimes ?
- Quelles sont les choses que tu admires chez lui / elle ?

Un peu d'inspiration

Je t'aime et je sais exactement pourquoi.

Je t'aime parce que tu es une personne bien et que c'est une bonne chose de t'aimer.

Je t'aime parce que quand je te dis quelque chose qui compte pour moi, tu sais qu'il s'agit d'une chose importante pour moi et tu t'en souviens pendant très très longtemps.

Tu me dis « tu te souviens du jour où tu m'as dit ça ? »

Et alors nous nous souvenons ensemble.

[…]

Et je t'aime parce que quand je me sens triste, tu ne me remontes pas tout de suite le moral.

Parfois, c'est bien de rester un peu triste.

Je t'aime parce que si je suis fâchée contre toi, alors tu es aussi fâché contre moi. C'est horrible quand l'autre reste indifférent.

[…]

Je t'aime parce que, je ne sais pas comment l'expliquer, mais avec toi, tout est mieux.

Je n'arrive pas à me souvenir d'un jour où je ne t'ai pas aimé.

Ça devait être un jour très triste.

Je t'aime parce que, parce que, parce que... j'ai oublié pourquoi, mais je t'aime.

"I like you" par Sandol Stoddard[2]

MERCI

Même si vous ne comptez pas énumérer des remerciements dans vos vœux, le fait de lister les choses pour lesquelles vous voulez remercier votre moitié peut vous aider à trouver ce que vous voulez vraiment lui dire le jour de votre mariage.

Voici quelques questions qui peuvent vous aider.

- Comment sais-tu qu'il/elle t'accepte tel(le) que tu es ?
  Exemple : un défaut qu'il/elle ne me reproche pas

- Quelles qualités fait-il/elle ressortir chez toi ?
  Exemple : une chose que je fais, dont je ne me croyais pas capable avant

- Quelles certitudes te donne-t-il/elle ?

QUAND L'INSPIRATION SE PRÉSENTE

Un petit point sur l'organisation !

Que vous commenciez à réfléchir à vos vœux plusieurs mois à l'avance ou quelques jours avant votre mariage, vous ne saurez jamais quand l'inspiration se présentera.

---

[2] Traduction de l'anglais par l'auteur

Dans le bus, à table, en regardant un film…

Alors à partir d'aujourd'hui, ayez toujours un carnet et un stylo (ou un bloc note dans votre téléphone) pour écrire ce qui vous vient à l'esprit.

Notez aussi les exercices et les questions que vous préférez ou qui vous parlent le plus pour y réfléchir à différents moments de la journée.

PARLER D'AMOUR

Aujourd'hui, les couples se marient par amour, mais chaque couple vit un amour différent.

Dire quelques mots sur votre définition personnelle ou commune de l'amour peut avoir beaucoup de sens dans vos vœux.

Un peu d'inspiration

Les gens disent qu'ils « trouvent » l'amour, comme s'il s'agissait d'un objet caché sous une pierre. Mais l'amour se présente sous de nombreuses formes et il n'est le même pour aucun homme et pour aucune femme. Ce que les gens trouvent, c'est un certain amour. Et Eddie a trouvé un certain amour avec Marguerite, un amour reconnaissant, un amour profond mais paisible. Et par-dessus tout, un amour qu'il savait irremplaçable.

« The Five people you meet in Heaven » by Mitch Albom[3]

---

[3] Traduction de l'anglais par l'auteur

Qu'est-ce qui, selon vous, caractérise votre amour ?

Exemple :

> « J'ai découvert à tes côtés ce qu'est l'amour au quotidien : un environnement doux, apaisé et qui s'enrichit de petits riens. Tu m'as nourrie de ta présence, de ton amitié et de ta bienveillance. Moi qui attendais qu'une folie jaillisse pour changer ma vie, j'ai découvert l'Amour au fil de l'eau. Aujourd'hui, je ne cherche rien de plus précieux. »

Si vous deviez comparer votre amour à quelque chose, qu'est-ce que ça serait ?

VOS DÉSIRS ET PROJETS COMMUNS

Parler de vos désirs et projets communs permet aux personnes présentes le jour de votre mariage de mieux vous connaître en tant que couple. Vos proches vous connaissent individuellement, mais comme ils ne sont pas dans votre intimité, ils ne savent pas ce qui vous soude réellement.

Parler de vos projets communs est une manière non seulement de confirmer ce que vous souhaitez ensemble, mais aussi de partager un aspect de votre couple avec toutes les personnes venues célébrer votre amour.

- Qu'est-ce que tu veux avec lui/elle et que tu ne veux avec personne d'autre ?
- Quelles sont les valeurs que vous partagez ?
- Quel est un des points forts de votre couple ? Qu'est-ce que vous faites bien ?

PARLER DE SOI

Quand on écrit ses vœux, on peut se sentir contraint de parler uniquement de l'autre. Mais rien ne vous prive de parler un peu de vous. Surtout si ce que vous avez à dire met en valeur l'importance de votre moitié dans votre développement personnel.

- Qu'est-ce que tu as appris (ou apprends tous les jours) avec lui/elle ?

- Que serais-tu prêt(e) à faire pour lui/elle ?
  Exemple : me lever à 4h du matin pour manger des pâtes avec toi les jours de marathon

- Quelles sont les choses que tu avais tendance à faire et que tu ne fais plus, car il/elle t'a fait évoluer ?

- Quelles sont les choses que tu avais tendance à penser et que tu ne penses plus car il/elle t'a fait évoluer ?

Un peu d'inspiration

Je n'ai rien de spécial, je suis juste un home ordinaire, avec des pensées ordinaires et qui a mené une vie ordinaire. Aucun monument ne m'est dédié et mon nom sera vite oublié. Mais il y a un point où ma réussite a été aussi glorieuse que pour toute personne qui a vécu : j'ai aimé une autre personne de tout mon cœur et de toute mon âme, et pour moi, ceci a toujours été suffisant.

« The Notebook » by Nicholas Sparks[4]

---

[4] Traduction de l'anglais par l'auteur

MUSIQUE

Y a-t-il une musique qui vous inspire ou vous fait penser à votre couple ? Y a-t-il une chanson dont les paroles représentent une partie de ce que vous voulez dire ? Si oui, vous pouvez emprunter une petite citation, voire (si vous vous en sentez capable) chanter un extrait.

Listez donc les musiques qui vous inspirent. Si vous avez vraiment envie de surprendre votre moitié (en particulier si ça peut lui faire plaisir et si c'est surprenant venant de vous), vous pouvez même écrire une petite chanson inédite.

Un peu d'inspiration

Le ciel bleu sur nous peut s'effondrer

Et la terre y peut bien s'écrouler

Peu m'importe si tu m'aimes, je me fous du monde entier

Et tant qu'l'amour inondera mes matins

Et tant que mon corps frémira sous tes mains

Peu m'importent, oui, les problèmes

Mon amour puisque tu m'aimes

J'irais jusqu'au bout du monde, j'oublierais brunes et blondes

Oui, si tu me le demandais

Oui, j'irais décrocher la lune, j'irais voler la fortune

Si tu me le demandais...

Extrait de l'Hymne à l'amour par Edith Piaf

IV.2 STRUCTURER SES VŒUX

Comment commencer ses vœux, les développer et les conclure ? C'est tout le sujet de la structure.

Malheureusement, il n'y a pas de méthode ou de technique à appliquer pour fixer cette structure, mais elle vous viendra plus facilement en lisant des exemples de vœux. C'est pourquoi je vous ai mis dans ce chapitre dix exemples de vœux de mariés qui suivent chacun un fil rouge différent. Vous pouvez vous inspirer des différentes accroches et voir celle qui résonne le mieux avec vous.

En réalité, l'accroche dépend beaucoup de ce que vous allez dire dans vos vœux. C'est pourquoi, il faut savoir ce qu'on compte dire avant d'écrire l'accroche. Ainsi, l'accroche est la première chose que tout le monde entendra de vos vœux, mais elle sera en fait de la dernière chose que vous aurez écrite.

Comme vous pourrez le voir dans les nombreux exemples qui suivent, l'accroche peut reprendre une anecdote ou inclure une petite confession. Dans tous les cas, elle dira quelque chose de simple et de vrai.

Ce qui vient après l'accroche, c'est le corps de vos vœux : ce que vous comptez dire et qui découle des exercices du Chapitre IV.1.

Enfin, vous pouvez conclure avec les promesses que vous souhaitez faire à l'amour de votre vie.

VŒUX D'OLIVIER POUR SARAH

« Tu es une personne extraordinaire »

Chérie,

Cela fait maintenant 1557 jours que notre histoire commune a commencé, 1557 jours durant lesquels mon amour pour toi n'a cessé de grandir.

On a l'habitude de dire que quand on aime on ne compte pas mais chaque réveil à tes côtés me rappelle à quel point je suis chanceux.

Tu es quelqu'un de vrai, tu répètes souvent que tu ne sais pas faire semblant. J'admire cette spontanéité d'autant plus que je suis plus dans la retenue.

Tu es une fonceuse, quand tu te fixes un objectif tu te donnes les moyens d'y parvenir. J'admire cette volonté, cette détermination qui te caractérise au quotidien.

Tu arrives même à m'entraîner avec toi comme pour ce 20km auquel on s'est inscrit alors que ceux qui me connaissent bien savent que je ne cours qu'après une balle.

Tu te donnes beaucoup de mal pour combattre la routine, nous faire vivre de nouvelles expériences et me surprendre au quotidien.

Je ferai de mon mieux chaque jour de notre vie pour en faire de même, pour t'apporter l'écoute et l'attention nécessaires à l'équilibre et la longévité de notre couple.

Ton épanouissement personnel est une des clés de la réussite de notre vie à 2, j'essaierai de te transmettre l'énergie pour avancer, mon soutien total dans les choix que tu feras et les décisions que tu prendras.

Des moments difficiles il y en aura, et on les affrontera ensemble car tous les 2 nous sommes plus forts.

On forme une équipe soudée et nous avons un projet de vie commun, celui de fonder une famille, notre famille. Tu sais à quel point je suis pressé que cela se concrétise même si je suis d'accord avec toi, on doit commencer par trouver un nouveau chez nous, avec une deuxième chambre, et peut être même un plus grand dressing...

Tu remplis à merveille ton rôle de femme, nul doute que tu seras une maman géniale.

Je nous souhaite le meilleur et je veux que tu saches que je serai toujours là pour toi.

Je t'aime plus que tout.

VŒUX DE CLAIRE POUR MARC

« Ce que j'ai découvert avec toi »

J'ai vraiment réfléchi à ça avant de l'écrire, et c'est vrai : ces quatre dernières années ont été les plus belles que j'ai vécues. Avec toi, j'ai découvert l'amour, le courage et l'amitié. Les personnes qui me connaissent ont vu une transformation en moi, et cette transformation aurait été impossible sans toi.

Tu as cru en moi et tu m'as soutenue quand j'ai créé ma société. Tu m'as appris à ne jamais laisser tomber ce qui comptait pour moi. Tu m'as aimé tous les jours, même quand j'étais insupportable. Tu es généreux, attentionné et solide. Tu es sincère et courageux. Tu as été un exemple pour moi pour beaucoup de choses. Tu m'as appris à pardonner vite.

Plus d'une fois tu m'as montré que tu étais là pour moi et j'ai découvert ce qu'était la confiance et ce que signifiait *construire une intimité*.

Je ne me suis jamais sentie aussi aimée et aussi soutenue. Je crois en nous, en l'équipe qu'on forme et en la famille qu'on va fonder.

Il n'existe pas une personne plus parfaite pour moi. C'est toi. Avec tous tes traits, tel que tu es.

Ce n'est pas aujourd'hui que je m'engage envers toi. Je me suis engagée progressivement, étape par étape. Et aujourd'hui je te confirme devant tous nos proches que je resterai investie. Je ferai tout pour que notre couple reste solide. Pour qu'on puisse construire ensemble une vie joyeuse et complice. Qu'on surmonte toutes les difficultés, qu'on continue de grandir ensemble.

Notre relation, notre mariage est un don, et je veux en prendre soin. Alors pour ça, je te promets de toujours faire attention à toi. De rester transparente. De partager mon enthousiasme avec toi. De te confier mes inquiétudes.

Marc, mon Marc, je veux être ta femme, je veux continuer de construire notre relation et découvrir avec toi tout ce qu'il nous reste à découvrir.

VŒUX DE FLORIAN POUR OLIVIER

« Des vœux qui se concluent sur des promesses »

On y est.

Tu sais que pour moi c'est difficile de parler de mes sentiments. Je suis là pour toi, pour témoigner de notre amour . C'est grâce à toi que je peux exprimer mes sentiments aujourd'hui. Je n'en ai pas peur, ils sont vrais, sincères, profonds. Et je veux que tout le monde sache pourquoi tu es un être si exceptionnel. Et surtout pourquoi j'ai la chance d'être là, présent à tes côtés, d'être avec toi tous les jours.

Cela fait plusieurs semaines que j'y réfléchis ; et comme tu dis que je ne te le dis pas assez souvent, j'ai simplement envie de te dire que je t'aime.

Je t'aime car tu as donné un sens à ma vie. Je ne sais pas ce que je serai devenu si je ne t'avais rencontré.

Tu me permets d'être moi-même, me sentir entier, totalement épanoui et tu me donnes confiance en moi.

Je t'aime car tu es une évidence dans ma vie. Nous ne faisons qu'un, nous avons envie des mêmes choses au même moment. La vie est tellement simple à tes côtés.

Je t'aime car tu as fait naître en moi des sentiments profonds que je n'avais jamais ressentis auparavant et qui m'emplissent de bonheur.

Je t'aime aussi car tu sais me supporter. Tu sais prendre soin de moi. J'aime quand tu rigoles bêtement à mes blagues, même quand ça n'en est pas.

Je t'aime car tu m'as fait découvrir pleins d'expériences, notamment culinaires, même si les tomates ne passent toujours pas.

Je t'aime car tu es beau, intelligent, cultivé, raffiné, attentionné .

Je te promets d'être toujours là quoi qu'il arrive.
D'être ton soutient.
De te faire relativiser.
De te rassurer.
Pour que tu te sentes pleinement épanouit.

Je te promets de vivre encore plein d'expériences ensemble, de faire de nombreux voyages (de te faire penser à prendre les cafés). Je te promets de regarder tous les mariages royaux, tous les secrets d'histoire, et tous les concours de l'Eurovision. Je te promets de découvrir, de partager des émotions, de s'émerveiller ensemble.

Je te promets simplement de t'aimer toujours.

VŒUX DE TANGUY POUR MYRIAM

« Nous grandirons toujours »

Tu ne t'en souviens peut-être pas mais dans nos premières semaines ensemble, tu m'as dit une fois : "si je suis en couple avec quelqu'un depuis au moins 7 ans, c'est signe que c'est la personne que j'épouserai".

Et ça, cette petite phrase, dans la tête d'un gamin de 15 ans, ça reste gravé.

Pourtant, je n'imaginais pas l'histoire qui nous attendait. Peu de gens y croyait, pour être honnête, même parmi nos amis les plus proches. On a eu quelques obstacles, surtout dans nos débuts, mais on a su se faire notre bulle. Chacun a apporté à l'autre ce dont il avait besoin, et sans même nous en rendre compte, on se traçait un chemin à deux.

Je n'aurai pas assez de ces quelques minutes pour évoquer tout ce que tu as changé dans ma vie. Si je devais aller à l'essentiel, je dirai simplement que tu m'as aidé à me construire, que tu as su faire ressortir le meilleur en moi. De ce garçon timide qui ne mettait que des vêtements trop grand, tu as façonné un homme sûr de lui, conscient de son potentiel, et capable d'accomplir les objectifs qu'il se fixe.

Je pense avoir déjà accompli pas mal de choses dans ma vie jusqu'à présent, et je sais que je te les dois presque toutes. Mais ma plus belle réussite reste de t'avoir trouvée, et d'avoir su construire avec toi les 8 premières années de "notre histoire"/"notre vie à deux ".

Mais comme dans toute réussite, on en veut toujours plus, je me tiens devant toi aujourd'hui avec l'envie d'aller encore plus loin, et la promesse de tout faire pour que nos projets se concrétisent, et que nos rêves se réalisent.

VŒUX DE PATRICIA POUR QUENTIN

« Un peu d'humour »

Je suis tombée amoureuse de toi de la même manière que je m'endors le soir : d'un coup et sans prévenir. Dès le début, tu m'as acceptée entièrement, telle que je suis. Et malgré les conseils qu'on m'a donnés de te « ménager », je me suis révélée tout de suite. Nous avons juste dit « oui » à tout : oui à être nous-mêmes, oui à tomber amoureux, oui à construire ensemble. Et quand tu m'as demandé si je voulais passer le reste de ma vie avec toi, ça a été le « oui » le plus facile de tous. Comme si on me proposait le meilleur chocolat du monde, en illimité, pour le reste de ma vie.

Alors je m'excuse d'avance de ce que je te dirai quand j'aurai faim et pour toute les fois où j'utiliserai trop le mot « ponctualité ». Pour toutes les choses que je casserai et que je verserai dans notre maison. Et pour toutes les fois où je te ferai parler en détail de tes sentiments et de tes émotions. Mais aussi, je promets de beaucoup trop t'aimer, d'être forte quand on en aura besoin et d'être plus facile quand tu me le demanderas. Et je nous donnerai l'espace qu'il nous faut pour grandir, apprendre et avancer l'un avec l'autre.

VŒUX D'EMILIE POUR ANTOINE

« Merci » - Extrait

Au cours des mois passés, je me suis beaucoup creusé la tête pour trouver les mots parfaits à te dire aujourd'hui. Je pourrais te dire que je t'aime et te dire à quel point je te trouve exceptionnel. Mais tu le sais déjà puisque je te le dis tous les jours, même plusieurs fois par jour. Au point que je n'ai qu'à dire « mon chéri… » pour que tu me répondes « je t'aime aussi ». Alors après beaucoup de réflexions, voici ce que j'ai envie de te dire.

Merci.

Merci de me voir pour qui je suis vraiment. Merci de me soutenir et de me pousser plus loin que quiconque ne m'a jamais poussée. Merci d'être mon meilleur ami. Merci d'être toujours là pour moi et de toujours m'écouter. Merci de me rappeler chaque matin que je dois prendre mes vitamines. Merci de t'occuper de moi quand je suis malade. Merci de supporter toutes mes humeurs et mes envies parfois ridicules. Merci de toujours prendre ma défense, même quand j'ai tort. Merci de croire en moi et de m'aider à réaliser mes rêves. Merci de faire de moi la personne que je suis. Mais par-dessus tout, merci de me choisir.

VŒUX DE DAVID POUR LAURE

« Notre passé » - Extrait

On dit que c'est juste avant l'aube que la nuit est au plus sombre. Laure, il y a trois ans, le 24 juin, tu es devenue mon aube. Tu as illuminé ma vie au-delà de tout ce que je pouvais imaginer. Le jour où on est allés danser sur les quais et qu'on a vu un couple de personnes âgées se dandiner sur la piste comme s'ils avaient 14 ans. Et j'ai sorti mon appareil photo pour capturer le moment. C'est comme ça que j'ai frôlé ton bras et que nos vies ont changé. Je me rends compte aujourd'hui que j'ai eu beaucoup de chance à notre premier rendez-vous d'avoir un paquet de M&M's qui traînait dans ma voiture (ça m'a permis de passer le premier test car, pour ceux parmi vous qui ne sont pas au courant, Laure refusait à l'époque de sortir avec quelqu'un qui n'aimait pas les M&M's). Et depuis, nous avons pu vivre des moments inoubliables.

[...]

Nous comprenons tous les deux les hauts et les bas de la vie et des relations humaines et nous avons déjà traversé beaucoup de choses ensemble. Je crois réellement que notre amour est éternel. Dans 40 ans, quand nous seront un couple âgé, je veux que nous retournions sur les quais, danser comme ce couple que nous avons vu. Et alors nous donnerons une chance à deux jeunes gens de nous voir et de trouver l'amour comme ça a été le cas pour nous. Je m'estime l'homme le plus heureux de la planète de t'avoir trouvée et de devenir ton mari aujourd'hui. Je promets de toujours rester à tes côtés. Je t'aime aujourd'hui et pour toujours.

VŒUX DE MORGANE POUR STEPHEN

« Je t'aime et voilà pourquoi »

Depuis plus de 10 ans qu'on se connaît et plus de 4 ans que nous sommes ensemble, nous nous sommes souvent dit que nous nous aimions sans réellement se dire pourquoi.

Alors aujourd'hui devant nos amis, notre famille, je désire te le dire.

Je t'aime tout d'abord parce que tu me supportes et ce n'est pas tous les jours faciles.

Je t'aime parce que tu me surprends de par ta générosité, ta grande sensibilité, ton attention si naturelle envers moi mais aussi envers nos familles.

Je t'ai choisi également pour ton humour, ta persévérance, ton romantisme. Tu sais me rassurer, me motiver, me calmer quand il le faut, me rendre plus confiante.

Je t'aime aussi car tu n'oublies jamais et tu es toujours à l'écoute d'une actualité sportive (mais pas forcément toujours ce que moi je peux te dire), mais je te remercie tout de même de nourrir ma culture générale spéciale "Equipe.fr" au quotidien et te promets d'y être beaucoup plus attentive.

Je ferais toujours de mon mieux pour être à la hauteur de ton amour, d'essuyer tes larmes, te faire rire, te montrer ma force, ma sensibilité, mon attention tout en restant qui je suis.

Nous avons tous les deux compris/appris que rien n'est acquis en amour, mais nous partageons les mêmes valeurs, alors je sais que nous serons toujours là l'un pour l'autre dans les bons et mauvais moments et que nous évoluerons ensemble.

Il a été difficile pour moi de mettre des mots "parfaits" sur ce que je ressens car en soi tout cela tu le sais déjà. Et c'est difficile aussi de l'exprimer devant tant de monde. Mais je suis fière, fière de nous et le plus important est que tu saches que je serai toujours là pour toi, je te le promets, et que nous formerons une belle équipe et une très belle famille.

VŒUX D'AURÉLIE POUR CATHY

« Je te choisis » - Extrait

Aujourd'hui, je te choisis et je sais exactement pourquoi. Je te choisis parce que je t'aime, parce que je t'admire et parce que tu ne me laisses jamais pleurer, sauf quand tu vois que je suis fatiguée et que j'ai besoin d'être grognon.

Je te choisis parce que j'aime ton humour et parce que j'aime me réveiller auprès de toi tous les matins. Je te choisis parce que tu aimes ma cuisine, même quand mes plats sont trop cuits. Je te choisis pour tout ce que tu es et pour tout ce que tu vas devenir.

Je sais exactement pourquoi je te choisis. Et là où je me considère la personne la plus chanceuse du monde, c'est que toi aussi tu me choisis. Et je veux toujours rester digne de ton amour.

VŒUX DE JULIEN POUR AMY
(traduit de l'anglais)

« Notre avenir » - Extrait

La première pensée qui m'a traversé l'esprit le jour où je t'ai rencontrée – à part « wow » – c'était une vision de notre avenir. Et dès qu'on a commencé notre relation, j'ai tout vu, vraiment. J'ai vu nos enfants, notre maison, notre chien, notre mini-van. Mais surtout, pour la première fois de ma vie, j'ai vu un avenir au-delà de tout ça. J'ai vu au-delà des enfants et de la maison. J'ai vu une vie où je vieillissais à tes côtés.

UNE ALTERNATIVE AUX VŒUX

« Les promesses »

L'échange des promesses peut être une variante à une rédaction traditionnelle des vœux. En particulier, elle sera la bonne alternative pour les couples qui ne sont pas très à l'aise à l'idée de rédiger des vœux, mais qui veulent tout de même dire des mots personnels.

Avec l'échange de promesses, vous n'avez plus à écrire une accroche, développer vos vœux et conclure. C'est l'officiant qui introduit cette partie et vous n'avez qu'à dire au fur et à mesure (alternativement) les promesses que vous vous êtes écrites.

Pour faire un échange de promesses, vous devez écrire, avant la cérémonie, dix promesses chacun : cinq « sérieuses » et cinq plus « humoristiques ».

Vous commencez et finissez par une promesse sérieuse, mais glissez les promesses humoristiques au milieu.

Vous découvrirez les promesses de votre moitié en même-temps que tout le monde, ce qui assure des réactions authentiques !

Pensez à partager vos promesses à l'avance avec votre officiant(e) qui pourra vérifier qu'elles se complètent bien et qui pourra peut-être même vous suggérer un ordre.

Exemple :

> Elle
>
> Je promets de toujours être là pour te réconforter et t'encourager.
>
> Lui
>
> Je promets de toujours être ton meilleur ami et une personne à qui tu pourras tout dire.
>
> Elle
>
> De remplir tes journées de bonheur et de rires.
>
> Lui
>
> De t'accompagner à Disneyland et de regarder la parade avec toi.
>
> …

IV.3 PEAUFINAGE

Vous avez trouvé les mots justes pour dire des vœux personnels et qui vous ressemblent. Vous avez réussi à organiser vos idées, structurer et rédiger vos vœux. Ce dernier chapitre dédié au peaufinage vous donne les derniers conseils et les dernières vérifications à faire pour finaliser vos vœux et être fin prêt(e) pour le jour J.

1. S'ENTRAÎNER À VOIX HAUTE

S'entraîner à voix haute présente deux avantages :

- Cela vous permet de vérifier que vous vous reconnaissez dans les mots que vous avez écrits : en disant les mots à voix haute, vous identifierez les tournures lourdes ou académiques, celles qui ne vous ressemblent pas.

- Cela vous permet de vous entraîner à prononcer vos vœux avec naturel et conviction : il est très important que, dans votre manière de dire vos vœux, on ne reconnaisse pas un texte écrit. En bref, vos vœux ne doivent pas sonner comme une récitation.

La meilleure technique consiste à vous imaginer assis(e) un soir, à la table du dîner, en face de votre moitié. Imaginez que vous ayez envie de lui faire votre plus belle déclaration d'amour et que, ô miracle, ce que vous voulez lui dire, ce sont exactement vos vœux.

Comment allez-vous les dire ? Où allez-vous placer vos intonations ? Où allez-vous faire des pauses ? Mais surtout, comment allez-vous lui parler pour qu'il / elle sente votre sincérité ?

Certes, vos vœux sont destinés à être dits devant des dizaines de personnes, mais il n'y a qu'une seule personne à qui vous allez vous adresser : l'amour de votre vie. Et ça doit être évident que c'est à cette personne que vous parlez et non pas à l'assemblée.

Souvenez-vous que personne n'attend rien de vous, à part le fait que vous soyez vous-même. Vous entraîner à voix haute vous aidera justement à être plus présent(e), à être davantage vous-même.

Si vous envisagez d'avoir une musique de fond pendant vos vœux, entraînez-vous avec la musique également. Une musique de fond ajoute une touche d'émotion non négligeable et permet de faire des pauses plus longues pendant les vœux pour vraiment s'imprégner de ce qui est en train d'être dit.

2. SIMPLIFIER SES PHRASES

Quand on écrit ses vœux, on est tenté de créer de jolies phrases, longues et poétiques. On se sent investi d'une responsabilité de bien écrire. On se dit qu'il faut faire de longs vers qui riment. Et en alexandrin, c'est mieux.

Il y a trois inconvénients aux phrases complexes :

1. elles sont plus difficiles à comprendre, vos proches devront se concentrer. Alors il y a de grandes chances qu'ils choisissent juste de décrocher en attendant que vous ayez fini ;
2. souvent, elles ne ressemblent pas à votre manière habituelle de parler, ce qui donne un air de « faux » ;
3. elles sont aussi plus difficiles à écrire.

Avant les belles tournures, ce qui est vraiment touchant dans les vœux, c'est ce qui est dit. Parfois, même quelque chose de très simple peut être vraiment touchant juste parce qu'on le dit. Certains mots ordinaires sont riches en émotion, alors il n'est pas nécessaire d'en rajouter. En bref, ce qui est beau dans vos vœux, c'est vous !

Alors oubliez les phrases longues et poétiques, les alexandrins et les mots rares. Et surtout, évitez les tournures de grammaire complexes.

Parmi les tournures à éviter, on trouve :

Les propositions participiales

Proposition subordonnée, introduite par aucun mot subordonnant :

Cette aventure terminée, nous poursuivîmes notre chemin.

Le passé simple

C'est un temps que l'on accepte de lire, mais qui l'utilise réellement dans sa manière de parler ?

Les phrases longues qui requièrent de mobiliser notre mémoire

« Lorsque j'ai pénétré dans le salon de nos amis, ce jour de mai 2010, je ne me doutais pas que mon regard croiserait tes magnifiques yeux bleus »

Mon conseil : à chaque fois que vous voulez mettre une virgule, voyez si vous pouvez diviser la phrase en deux phrases distinctes.

Les extrêmes opposés

« Tu connais ma philosophie de l'amour et aussi je ne te dirais jamais que je t'aimerai pour toujours. »

Avoir « jamais » et « toujours » dans la même phrase rend la phrase difficile à comprendre de prime abord.

À votre tour ! Reprenez les phrases longues et les tournures complexes pour fluidifier votre discours.

3. VOCABULAIRE

La personne à qui vous allez dire vos vœux est celle qui parle avec vous tous les jours, qui vous connaît dans tous vos états, qui connaît toutes vos mimiques et toutes vos expressions. Alors, quand vous direz vos vœux, votre moitié reconnaîtra tout de suite les mots qui ne sont pas les vôtres. Les expressions que vous aurez recherchées hors de votre vocabulaire.

Exemple de phrase avec du vocabulaire « inhabituel » :

« Lorsque j'ai pénétré dans le salon de nos amis, ce jour de mai 2010, je ne me doutais pas que mon regard croiserait tes magnifiques yeux bleus. Encore

moins que cinq ans plus tard j'épouserai la propriétaire de ces mêmes yeux. »

Le souci quand on utilise des mots qui ne sont pas dans notre vocabulaire habituel, c'est que les vœux ont tout de suite l'air moins authentique. Le paragraphe ci-dessus est extrait du premier brouillon qu'un futur marié m'a envoyé quelques semaines avant son mariage. J'avais eu l'occasion de beaucoup discuter avec lui et j'ai tout de suite reconnu les mots qui n'étaient pas dans son vocabulaire habituel.

Par exemple, il ne disait jamais qu'il « pénétrait dans une salle ». Et aussi, il n'utilisait jamais les mots « magnifique » ou « épouser ». Ce n'était juste pas sa manière de parler.

Le langage écrit pousse à utiliser un vocabulaire différent, soutenu. Mais ne vous laissez pas prendre au piège, car ce que vous écrivez est destiné à être entendu, et non lu.

En plus, les mots qui sont les vôtres, les tournures qui vous ressemblent, etc. : tout ceci, votre moitié sera contente de les retrouver dans votre discours. Tout comme vous, vous serez touché(e) de les retrouver dans le sien.

Quand vous avez fait les exercices d'inspiration en début de livre, vous avez utilisé les mots et tournures qui vous venaient naturellement. Gardez-les tels quels et ne cherchez pas à les "améliorer", vous risqueriez de sacrifier l'authenticité au passage.

4. PARTAGER SON BROUILLON

Quand je suis l'officiante d'une cérémonie, je relis les vœux des futurs mariés pour vérifier qu'ils collent bien. Je vérifie notamment la longueur, mais aussi je m'assure que leurs vœux se complètent bien.

Les couples se contredisent rarement (mais on ne sait jamais), en revanche, ils peuvent écrire des choses trop redondantes.

Quand vous confiez à quelqu'un la relecture de vos vœux, demandez-lui de faire attention à :

- Comparer la longueur / durée des vœux
- Identifier les contradictions ou redondances
- Signaler les phrases ou mots difficiles à comprendre
- Souligner les mots et expressions qui ne vous ressemblent pas

Attention, la personne qui relit vos vœux doit savoir vous donner son retour sans révéler le contenu des vœux de votre moitié.

5. DIRE SES VŒUX

Les exercices précédents étaient très focalisés sur le fait d'écrire en vue d'un discours. Je vous propose ici de faire attention à parler dans le but d'être écouté(e) et non juste pour réciter un texte.

Quand on lit un texte, on place des intonations à des endroits différents de quand on parle. C'est simple, le langage écrit en français, n'est pas le même que le langage parlé.

Par exemple, lisez cette phrase à voix haute selon les bonnes règles de lecture :
« Le jour où je t'ai rencontré, tu as chamboulé ma vie. »

Une lecture correcte en langue française donnerait une intonation aiguë sur « jour », « ren- » et « cham- ».

« Le JOUR où je t'ai RENcontré, tu as CHAMboulé ma vie. »

Tout de suite, on voit que ces mots ne sont pas dits, mais lus. Vous devez lutter contre cette « règle » et vous entraîner à dire vos vœux comme si vous parliez naturellement.

Dans ce cas, il n'y aura pas d'intonation spéciale, juste une pause après « rencontré ».

6. ETRE INDULGENT ENVERS SOI-MÊME

Mais pourquoi est-ce si difficile d'écrire ses vœux ? De trouver les mots à mettre sur ce qu'on ressent et de les ordonner dans un message touchant et compréhensible ?

La raison est simple : nous n'y sommes pas habitués.

Tous les jours, nous disons « je t'aime », mais il ne nous arrive jamais de nous asseoir à la table du dîner et de commencer une déclaration d'amour. Ce qui est difficile, c'est le côté « bilan » des vœux.

C'est là qu'il est très important de ne pas se donner des objectifs trop difficiles à atteindre. Restez indulgent(e) envers vous-même et n'oubliez pas que vos vœux ne restent que la simple expression de vos sentiments.

7. SE METTRE D'ACCORD SUR LA DURÉE

S'il y a une chose que vous voulez éviter, c'est que l'un de vous écrive des vœux de trois minutes (ce qui est vraiment long) alors que l'autre n'a que quelques phrases.

Mais comment faire pour vous assurer que vous gardez la même longueur sans vous révéler l'un à l'autre ce que vous comptez vous dire ?

Mon conseil : mettez-vous d'accord sur la durée des vœux. Pas le nombre de mots ou de paragraphes, mais bien le temps que ça vous prend de les dire.

D'expérience, je peux vous conseiller de viser entre 1min 30 et 2 min. Ça peut paraître court, mais en fait, quand il s'agit d'un monologue, c'est assez long et c'est tout juste le temps qu'il faut pour passer les messages importants tout en restant concis.

8. L'ÉCHANGE DES ALLIANCES

Si vous le souhaitez, vous pouvez intégrer l'échange des alliances à vos vœux.

Dans ce cas, vous écrivez vous-même le sens que ces alliances ont pour vous. Vous n'avez pas à dire la même chose l'un et l'autre, et chacun de vous dira ce à quoi il veut s'engager par ces alliances.

Exemple de conclusion des vœux par l'échange des alliances :

> Eléonore, accepte cette alliance en symbole de mon amour. Qu'elle te rappelle chaque jour les promesses que je t'ai faites aujourd'hui. Cette alliance est une preuve de ma sincérité, de mon engagement devant tous nos proches et de mon souhait de vieillir à tes côtés.

Si vous décidez de procéder ainsi, alors vous échangerez vos alliances chacun votre tour, après avoir dit vos vœux.

Prenez donc le temps de réfléchir au sens que vos alliances ont pour vous.

9. IMPRIMER SON TEXTE

Certaines personnes apprennent leurs vœux par cœur, ce qui est tout à leur honneur. Mais par précaution, ayez toujours une copie de vos vœux. On ne sait jamais ce qu'il peut se passer.

Moi-même en tant qu'officiante, je répète mes cérémonies plusieurs fois pour ne pas avoir besoin de lire mes notes, mais j'ai tout de même une version écrite de l'ensemble de mon discours sous les yeux, au cas où. Le cerveau peut nous jouer des tours, et s'il y a bien un moment où vous ne pouvez pas vous permettre un trou de mémoire, c'est bien là.

Aussi, ayez une version imprimée de vos vœux, ou pourquoi pas une version écrite à la main dans un joli carnet. De plus, pensez à confier à une personne (de préférence l'officiant(e) de la cérémonie) d'avoir également une copie imprimée de vos vœux. Les mariés ont beaucoup de choses à penser le jour de leur mariage et ils peuvent facilement oublier leurs vœux (surtout la mariée qui a rarement des poches).

Pour l'impression, je vous conseille la police de caractère Calibri en taille 14 et avec un interligne d'1,5 (pour ne pas avoir à plisser les yeux).

Si vous choisissez de recopier vos vœux dans un carnet (un petit Moleskine par exemple), pensez à écrire bien gros et bien espacé.

10. SONORISER LA CÉRÉMONIE

S'il y a un détail logistique important pour les vœux de mariage, c'est la sonorisation de la cérémonie. Afin d'être sûr(e) que tout le monde entende ce que vous dites, sans que vous ayez à pousser la voix, ou pire, crier vos vœux.

La sonorisation peut être installée par le DJ du mariage qui a généralement un matériel de très bonne qualité ou par l'officiant(e) s'il /elle est équipé d'un ampli et d'un micro.

LIVRE V

Les rituels symboliques

Les rituels symboliques sont faits de gestes et de symboles qui permettent de présenter l'engagement sous une autre forme, au travers d'une image qui parle aux mariés. Qu'il s'agisse de mélanger des sables, de planter un arbre ou d'unir les flammes de bougies, l'objectif reste le même : représenter l'union de deux vies et l'échange d'une promesse. Dans ce livre, je vous présente 10 rituels symboliques et je vous explique comment les intégrer dans votre cérémonie.

Tout d'abord, il est important de se poser la question de savoir si l'on souhaite réellement faire un rituel et si oui, lequel. Le choix d'intégrer un rituel doit avant tout reposer que le message que vous souhaitez passer. Par exemple, des mariés qui ont déjà échangé leurs alliances à la mairie pourront choisir de faire un rituel des rubans pour symboliser le lien qu'ils créent par leur mariage. Certains mariés se reconnaissent dans le rituel du sable car ils aiment la manière dont deux sables peuvent se mêler jusqu'à devenir indissociables l'un de l'autre. Les bougies ont un aspect spirituel fort, tandis que planter un arbre permet de donner une belle image du couple dont on prend soin et qui grandit et s'épanouit.

Pourtant, même si ces messages sont riches et beaux, certains mariés préfèrent la simplicité des mots et ne souhaitent pas ajouter un geste en plus de l'échange des alliances.

Selon moi, il est important de ne jamais choisir un rituel par défaut. Par exemple, la phrase « si je devais choisir un rituel, ça serait... » n'a pas sa place. Le rituel doit vous semble indispensable, sinon, il ne vous parlera pas le jour J.

Alors, peut-être trouverez-vous votre bonheur parmi les rituels suivants, ou peut-être vous permettront-ils d'être certains que les rituels ne sont pas faits pour vous. C'est à vous de décider.

V.1. LE RITUEL DU SABLE

Le rituel du sable, hérité d'une tradition hawaïenne, consiste à mélanger deux sables différents dans un même récipient. Chaque sable représente un des mariés : une fois les grains versés dans le récipient commun, ils sont mêlés de sorte qu'il devient quasiment impossible de les séparer de nouveau.

Texte de la cérémonie

Voici un exemple de texte pour présenter le rituel symbolique du sable :

> Aujourd'hui, Neele et Tony unissent leurs vies, et ils ont choisi de symboliser cette union par un geste tout particulier.

Dans ces deux récipients se trouvent deux sables différents.

L'un représente Tony avec :

- Sa personnalité
- Ce qu'il apporte dans la relation
- Ce qu'il a été et ce qu'il sera

Et l'autre sable représente Neele avec :

- Sa personnalité
- Ce qu'elle apporte dans la relation
- Ce qu'elle a été et ce qu'elle sera

Neele et Tony vont verser ces deux sables dans un même récipient pour symboliser l'union de leurs deux destins.

Lorsque les sables seront versés, leurs grains vont commencer à se mêler de sorte qu'une fois mélangés, il ne sera plus possible de les séparer.

Neele, Tony, je vous invite maintenant à verser les sables.

Un des avantages de ce rituel est qu'il donne la possibilité de faire participer plusieurs personnes (vos enfants par exemple si vous en avez, ou vos parents pour symboliser l'union de deux familles).

Voici un exemple de texte pour faire le rituel du sable avec vos enfants :

> Vous avez choisi de sceller votre union aujourd'hui par le mariage et par cet acte, vous n'unissez pas uniquement vos deux vies, vous créez également une nouvelle entité familiale entant qu'époux, parents et enfants. Et pour symboliser ceci, vous avez choisi de procéder à un rituel du sable.

Hérité d'une tradition hawaïenne, le mélange des sables représente le mélange de vos destins et l'union de vos vies. Les grains de sables versés ensemble se lient de manière à ce qu'il devient quasiment impossible de les séparer.

J'invite donc vos enfants – insérer le prénom des enfants – à nous rejoindre. Prenez chacun un récipient avec une couleur et versez le sable tour à tour dans ce nouveau récipient.

Matériel nécessaire

Côté logistique, pour ce rituel il vous faudra :

- deux sables différents qui représentent chacun des mariés (plus les couleurs sont contrastées, mieux ça fonctionne) ;

- un sable supplémentaire par enfant ou parent ;

- un récipient pour chaque sable individuel (les récipients de départ doivent, ensemble, avoir au moins la contenance du récipient final) ;

- un récipient final dans lequel les sables seront mêlés. De préférence, il s'agira d'un récipient avec un couvercle qui ne permettra pas à la poussière d'entrer. Vous pouvez choisir un cadre photo ou un bocal qui sera éventuellement décoré d'un ruban ou même être gravé ;

- une petite table de type guéridon ou mange-debout, éventuellement décorée, pour y placer les éléments pendant la cérémonie.

V.2. LE RITUEL DES RUBANS

Le rituel des rubans est un héritage celte. Dans la tradition celte, il n'était pas commun d'échanger des alliances, en revanche les mains des époux étaient liées avec un ruban. Ce lien physique symbolise le lien intérieur qu'ils créent entre eux.

Cette cérémonie peut se dérouler de plusieurs manières, en l'occurrence, vous pouvez choisir :

Qui va placer les rubans autour de vos poignets :

- votre officiant(e) ;
- un proche (un parent, par exemple) ;
- plusieurs proches (vos témoins, par exemple).

Quels messages vont être passés, par exemple, chaque ruban peut représenter :

- une promesse que vous vous faites ;
- une des forces qui voue lie ;
- un souhait de vos témoins pour votre mariage.

Texte de la cérémonie

Voici une manière de présenter le rituel symbolique des rubans :

> Sam, Juliette, aujourd'hui, vous célébrez votre amour et votre engagement. Votre engagement est déjà fort et sincère. Il n'est pas fait de mots ni de promesses. Il est fondé sur un amour que vous trouvez ensemble et un bonheur que vous construisez à deux.
>
> Afin de symboliser votre union, vous avez choisi de lier vos mains.
>
> J'aimerais donc vous inviter à joindre vos mains, Sam paume vers le haut et Juliette vers le bas.

Vous tenez aujourd'hui la main de votre meilleur(e) ami(e). Une main qui vous promet un amour fort chaque jour, pour le reste de vos vies. (Ici vous pouvez insérer la cérémonie des mains présentée au chapitre VI.5.).

Cinq personnes proches de vous vont maintenant venir lier vos mains. J'aimerais les inviter à venir me rejoindre.

Chaque témoin se lève, vient au micro, lit sa phrase puis marche vers les mariés pour leur mettre le ruban (sans faire de nœud).

Le père du marié : Mes enfants, je vous souhaite un amour fort et sincère tout le long de votre mariage.

Le frère du marié : Que vous ayez toujours une bonne santé et l'énergie de poursuivre vos rêves.

Le frère de la mariée : Que vous soyez heureux dans votre amour, votre fidélité et votre loyauté.

Le frère de la mariée : Que vous ayez toujours la force de faire face aux imprévus, ensemble main dans la main.

Une témoin : Que les années vous apportent la sagesse et que vous cultiviez toujours la bonté et la bienveillance.

L'officiante rassemble les rubans et dit : Conservez ces rubans en souvenir de ces vœux. Qu'ils vous rappellent tout ce qui fait la force de votre mariage, ce qui vous enveloppe et vous protège.

(Les rubans sont placés dans une boîte)

Deux autres textes pour ce rituel sont présentés dans les cérémonies en fin d'ouvrage.

Matériel nécessaire

Pour ce rituel, il vous faudra :

- autant de rubans que nécessaire, d'une longueur d'un mètre ou 1m50 chacun et épais de deux centimètres au minimum (pour qu'ils soient visibles de loin) ;

- un récipient pour ranger les rubans à la fin du rituel.

V.3. LE RITUEL DES BOUGIES

Ce rituel, que l'on retrouve dans certaines cérémonies religieuses, apporte un symbole doux et spirituel tout en passant un message universel. Chaque marié est représenté par une flamme, lorsqu'ils joignent les flammes de leurs bougies pour allumer la troisième bougie, ils symbolisent l'union de leurs destins et la création d'une nouvelle entité par leur mariage.

D'un point de vue pratique, ce rituel est plus simple à réaliser en intérieur qu'en extérieur :

- d'une part, il fonctionne mieux dans une ambiance légèrement tamisée plutôt qu'à la lumière vive du jour ;

- d'autre part, il faut être sûr qu'il n'y aura pas un coup de vent qui risquerait d'éteindre les bougies.

Pour ce dernier point, une astuce existe néanmoins : si vous achetez une bougie assez large, vous pouvez la creuser au centre, retirer la mèche et la remplacer par une « bougie magique » d'anniversaire. Vous savez, ces bougies qui se rallument toutes seules quand on souffle dessus. Ainsi, même s'il y a un coup de vent, votre bougie se rallumera toute seule.

Texte de la cérémonie

Par ce mariage, vous faites un pas de plus vers la construction de votre famille. Vous posez une pierre de plus à l'édifice de votre vie à deux.

Cette journée voit l'union de vos destins, de vos deux mondes, pour ne former plus qu'un.

Et pour symboliser cela, vous avez choisi d'unir les flammes de deux bougies. Chaque bougie représente votre être, avec toute sa force et tout son amour.

Lorsque vous unirez ces deux flammes, vous en créerez une nouvelle, plus forte, plus grande, que vous entretiendrez pour que jamais elle ne s'éteigne.

Je vous invite donc à allumer vos bougies.

Les mariés allument chacun leur bougie et s'approchent de la troisième bougie pour l'allumer ensemble.

Une variante consiste à faire participer les parents, les témoins, voire les invités en faisant venir la flamme aux mariés (soit par une succession de bougies allumées, soit en passant la bougie des mariés de main en main).

Matériel nécessaire

Pour ce rituel, il vous faudra :

- deux grandes bougies pour représenter les mariés ;
- une troisième bougie encore plus grande ;
- un briquet ou une allumette ;
- une petite table de type guéridon, éventuellement décorée, pour y placer les éléments pendant la cérémonie.

V.4. LE RITUEL DU VIN

Le rituel du vin consiste à enfermer une bouteille de vin dans un coffre que les mariés ouvriront de nouveau quelques années plus tard, à l'occasion d'un anniversaire de mariage par exemple.

Déroulement du rituel

Ce rituel se déroule en trois étapes :

1. Avant le mariage, vous choisissez ensemble une bonne bouteille de vin (ou autre) et une boîte ou un coffre en bois que vous pourrez fermer.

2. Pendant les préparatifs, chacun de vous prend le temps d'écrire une lettre dans laquelle vous exprimez vos sentiments. C'est un peu comme des vœux mais encore plus personnel puisque personne d'autre que votre moitié ne connaîtra son contenu.

3. Enfin, au cours de la cérémonie laïque, vous mettrez chacun votre lettre dans la boîte ainsi que la bouteille de vin.

Quelques années plus tard, pour votre anniversaire de mariage, vous pourrez ouvrir le coffre et découvrir vos lettres tout en dégustant la bonne bouteille que vous aurez choisie.

Vous pouvez aussi choisir d'ouvrir le coffre plus tôt. Si vous passez par une épreuve ou une étape difficile et que vous avez besoin de vous retrouver. L'ouverture du coffre vous donnera l'occasion de passer une soirée à deux, à vous remémorer votre mariage. En dégustant le vin et en découvrant le contenu des lettres, vous pourrez vous rapprocher et vous soutenir pour traverser l'épreuve.

La raison pour laquelle j'aime particulièrement ce rituel est qu'il peut s'inscrire dans le temps sur une période beaucoup plus longue. Par exemple, une fois que vous avez ouvert le coffre et lu les lettres, vous pouvez de nouveau acheter une bouteille et vous écrire de nouvelles lettres pour 5 ans plus tard.

Texte de la cérémonie

Quand je présente ce rituel, j'aime particulièrement mettre l'image du vin en avant : je trouve qu'il y a une très belle métaphore à voir dans le vin.

> Le vin représente l'amour que vous vous portez. Et comme votre amour, ce vin est déjà passé par plusieurs étapes pour devenir ce qu'il est aujourd'hui. Au début, il n'était qu'une graine qui a donné une vigne. Ensuite, cette vigne a fleuri pour ensuite donner des fruits. Et arrivés à maturation, de ces fruits a été extrait ce vin.

> Votre amour aussi a parcouru un chemin, qui vous a amenés jusqu'à aujourd'hui.

> Et comme ce vin, votre amour va pouvoir bien vieillir pour façonner ses arômes. Et tandis que vous allez évoluer en tant que couple, ce vin aussi va devenir plus complexe et plus délicat.

> Alors, pendant que vous placez cette bouteille dans le coffre, j'invite toutes les personnes présentes à méditer sur cette pensée : souhaitons aux mariés que leur amour vieillisse comme un bon vin.

Matériel nécessaire

Pour ce rituel, il vous faudra :

- un coffre ou une boîte ainsi qu'un mécanisme pour la fermer ;
- une bouteille de vin, qui sera particulièrement bonne dans cinq ans ;
- les deux lettres que vous vous êtes écrites ;
- une petite table de type guéridon, éventuellement décorée, pour y placer les éléments pendant la cérémonie.

Certains mariés invitent également leurs témoins à participer à ce rituel en leur proposant d'écrire un mot qui sera placé dans la boîte avant qu'elle ne soit scellée.

V.5. LA CÉRÉMONIE DE LA ROSE

La cérémonie de la rose est un de ces rituels qui s'inscrivent dans le temps : vous le réalisez pour la première fois le jour de votre mariage et ensuite, il devient un moyen de vous offrir des marques d'affection, tout en gardant le souvenir de ce jour si spécial.

Ce rituel consiste à placer chacun une rose dans un vase commun : ces roses peuvent symboliser la douceur et l'affection que les mariés se portent. Ensuite, l'officiant(e) explique comment les mariés continueront de faire vivre ce symbole. Il existe plusieurs manières de faire :

- pour communiquer : lorsqu'un des mariés a quelque chose sur le cœur, le fait de placer une rose dans le vase signifie « j'aimerais partager quelque chose avec toi, mais ça n'est pas très facile pour moi »

- pour se dire « je t'aime » : à chaque fois qu'une fleur est placée dans le vase, cela signifie « j'ai repensé à notre mariage et je veux te redire que je t'aime »

Texte de la cérémonie

Avant d'échanger leurs vœux et leurs alliances, Emilie et Guillaume ont choisi de symboliser leur union à travers un geste tout particulier. Aujourd'hui, ils vont chacun s'offrir une rose.

La rose est une fleur au parfum délicat qui rappelle la douceur et l'affection qu'Emilie et Guillaume portent l'un pour l'autre. La rose symbolise la tendresse et l'amour sur lesquels ce mariage est fondé. En s'offrant une rose aujourd'hui, Emilie et Guillaume donnent une forme matérielle à ce sentiment noble et cette volonté de s'engager l'un envers l'autre.

Emilie, Guillaume, placez chacun votre rose dans ce vase.

Cette rose est là pour vous rappeler tout ce que vous vous apportez de bon. Elle est là pour vous rappeler qui vous voulez être l'un pour l'autre et votre détermination à construire une vie de bonheur ensemble.

A partir de ce jour, vous aurez toujours dans votre salon un vase prêt à accueillir une rose. Chaque fois que vous voudrez donner un signe d'affection à votre moitié, vous pourrez y placer une rose.

Matériel nécessaire

Pour ce rituel, il vous faudra trouver un joli vase qui sera non seulement au centre du rituel mais qui aura aussi toujours sa place dans votre salon. Pensez à choisir un vase qui soit très joli même quand il est vide. Ainsi, il sera un bel élément décoratif en attendant sa ou ses roses.

Ce rituel nécessite aussi deux roses fraîches à longues tiges et il faudra également penser à installer une table (éventuellement décorée) pour y déposer les éléments.

V.6. PLANTER UN ARBRE

Ce rituel symbolique consiste à planter un jeune arbre à deux. Cet arbre représente votre amour, qui a déjà parcouru un chemin et qui continuera de grandir grâce aux soins que vous lui apporterez.

L'arbre est un symbole très fort car il grandit et se renforce avec les années. Il survit aux hivers pour refleurir à chaque printemps. Il ancre ses racines très profondément pour pouvoir élever ses branches au plus haut.

Texte de la cérémonie

Hier, vous étiez déjà amoureux, vous étiez déjà un couple. Vous étiez déjà engagés l'un envers l'autre en partageant vos vies et vos rêves.

A partir d'aujourd'hui, vous allez devenir une famille, vous allez être reconnus par tous comme mari et femme (*ou comme époux / épouses*).

Ce nouveau pas que vous faites dans votre vie, vous avez décidé de le marquer par un geste particulier : en plantant un jeune arbre ensemble.

Justine, Cédric, cet arbre représente votre amour. Il est déjà fort, comme vous, et ses racines sont bien ancrées.

Mais, il va encore grandir. Par les soins que vous allez lui apporterez, il va pouvoir solidifier son tronc et étendre ses branches pour atteindre des hauteurs inattendues.

Il survivra aux hivers, ne perdra que ses feuilles, pour refleurir de nouveau au printemps. De même, vos moments difficiles ne dureront qu'un temps, mais vous serez toujours là l'un pour l'autre, prêts à refleurir aux premiers rayons.

Vous plantez cet arbre ensemble aujourd'hui, et une fois que vous l'aurez mis en terre, vous l'arroserez ensemble, pour symboliser le fait que votre amour, tout comme cet arbre, a besoin des soins que chacun de vous lui apportera.

Les mariés plantent l'arbre.

Une fois l'arbre planté, s'il s'agit d'un olivier, vous pouvez ajouter :

Justine, Cédric, vous avez planté cet olivier ensemble. Une des particularités de l'olivier, est qu'il vit très longtemps. On trouve des oliviers millénaires, certains pensent même que c'est un arbre qui peut vivre éternellement. Il est donc comme votre amour : il n'est jamais destiné à s'éteindre.

L'olivier est aussi symbole de fidélité. Dans la mythologie grecque, c'est de bois d'olivier qu'était fait le lit d'Ulysse et de Pénélope, un lit qui n'accueillera aucun des nombreux prétendants pendant les 20 ans d'absence du héros grec.

Enfin, l'olivier est un symbole de paix et de pardon, pour toujours vous rappeler de vous soutenir et de vous accepter l'un l'autre, tels que vous êtes.

Matériel nécessaire

Pour ce rituel, il vous faudra :

- un jeune arbre de votre choix (jeune afin de pouvoir être planté en pot) – cela se trouve facilement chez les fleuristes ;
- un grand pot ;
- deux récipients pour verser la terre ;
- du terreau ;
- une petite table de type guéridon, éventuellement décorée, pour y placer les éléments pendant la cérémonie.

Attention, ce rituel peut être un peu salissant.

V.7. LA CAPSULE TEMPORELLE

Le rituel de la capsule temporelle s'inscrit dans le temps et représente à la fois votre amour mutuel et celui que vous portent vos proches. Le principe est simple : demandez à vos proches (ou pour restreindre les participants, demandez seulement à vos témoins) de choisir un objet qu'ils placeront dans une boîte ou un coffre le jour de votre mariage. Ce coffre sera ouvert seulement un an plus tard lors de votre premier anniversaire de mariage.

Vous pouvez laisser libre imagination à vos proches ou leur donner un thème. Les thèmes possibles sont par exemple :

- un mot ou une lettre pour vous dans un an ;
- une photo ou une vidéo ;
- un objet qui symbolise votre amitié / votre relation.

Déroulement du rituel

1- Avant le mariage:

- choisissez une jolie boîte que vous pouvez cadenasser ;

- prévenez vos invités d'apporter, le jour du mariage, ce qu'ils souhaitent mettre dans la boîte (attention de prévoir une boîte de taille appropriée au nombre de participants) ;

- vous aussi préparez un message ou un cadeau pour votre moitié.

2- Le jour J :

Vos proches déposent les objets dans la boîte avant la cérémonie. Pendant la cérémonie, la boîte est déposée sur une table et votre officiant explique le concept ainsi que les conditions dans lesquelles vous ouvrirez la boîte. Vous scellerez ensuite la boîte ensemble, après y avoir éventuellement déposé votre propre contribution.

3- A votre premier anniversaire de mariage :

Vous êtes libres bien sûr de choisir une autre date, mais l'anniversaire de mariage est une bonne occasion de vous replonger dans le souvenir de votre engagement. Vous pourrez ensemble ouvrir la boîte et découvrir son contenu, voyager dans le temps et vous replonger dans l'émotion de votre journée de mariage.

Matériel nécessaire

- une boîte ou un coffre avec un cadenas ;
- une petite table de type guéridon, éventuellement décorée, pour y placer les éléments pendant la cérémonie.

V.8. LE LÂCHER DE BALLONS

Le lâcher de ballons peut se faire au cours de la cérémonie ou juste après celle-ci. Ce rituel porte plusieurs significations. Pour certains, il représentera les personnes absentes et donnera l'occasion d'un moment de recueillement. Pour d'autres, il passera un message de légèreté et de bonheur. Enfin, le lâcher de ballons peut se substituer au lancer de pétales à la fin de la cérémonie pendant que vous remontez l'allée.

Texte pour les absents et recueillement

> Pour célébrer leur union, Émilie et Sébastien ont souhaité aujourd'hui s'entourer de tous leurs proches : famille et amis. Certains n'ont pas pu répondre à l'invitation. Nos jeunes mariés savent qu'ils auraient été là s'ils étaient encore parmi nous. Ils ont donc choisi de créer un moment afin d'avoir une pensée pour eux en laissant s'envoler ces quelques ballons.

Texte de légèreté et de bonheur

> Sam, Juliette, vous savez que le bonheur ne s'obtient pas par un calcul savant. Pour vous, le bonheur, c'est aussi se laisser porter et laisser la place au hasard. Pour symboliser cela, vous avez choisi de procéder à un lâcher de ballons. Alors que vous laisserez ces ballons s'envoler, les yeux rivés vers le ciel, songez à toutes les possibilités qui s'offrent à vous tout au long de cette belle vie qui vous attend.

Matériel nécessaire

- prévoyez le nombre de ballons qu'il y aura par invité (vous n'êtes pas obligés de prévoir 1 ballon par personne, un ballon pour trois peut aussi fonctionner) ;

- les ballons doivent être gonflés à l'hélium pour s'envoler, mais certains ballons se dégonflent très vite, donc dans l'idéal, il faudra les gonfler le matin même ;

- achetez la bonne quantité de rubans / ficelles. Si vous utilisez des rubans très longs, vos ballons peuvent aussi faire partie de la décoration ;

- une fois les ballons gonflés, pensez à bien les maintenir au sol. Si vous les accrochez aux chaises des invités, le nœuds doit être très solide et il faudra des ciseaux pour les décrocher. Si vous prévoyez le lâcher de ballons plus tard, vous pouvez aussi les conserver dans une petite salle. Pensez dans ce cas à tout de même mettre un poids au bout des ficelles ;

- sachez aussi qu'il est possible de commander des ballons biodégradables afin de ne pas impacter l'environnement.

Gardez en tête que certains autorisations peuvent être nécessaire pour procéder à un lâcher de ballon. Pensez à vous renseigner auprès de la mairie ou de la préfecture de votre lieu de cérémonie.

V.9. LA CÉRÉMONIE DES PIERRES

Le rituel symbolique des pierres est un héritage celtique. A l'époque, les mariés plaçaient leurs mains sur une roche au moment de dire leurs vœux afin d'attacher leur promesse à la pierre. La promesse se retrouvait alors protégée par la solidité et la longévité de la roche. Au cours d'une cérémonie laïque, une cérémonie des pierres peut reprendre ce principe : l'idée est que la pierre symbolise la solidité et la longévité.

Le principe du rituel est le suivant :

Chaque invité tient une pierre dans la main pendant la cérémonie et émet un vœux pour les mariés. Ce vœux est alors « associé » à la pierre que les mariés conserveront toute leur vie. Chaque personne peut résumer le vœux émis en écrivant un mot sur la pierre : bonheur, santé, réussite, famille, longévité, amour, richesse, patience, amitié…

A la fin de la cérémonie, les invités placeront les pierres dans un récipient prévu à cet effet. Attention, le récipient en question peut être très lourd.

Texte de la cérémonie

(Aux invités)

Lorsque vous avez pris place, vous avez trouvé une pierre sur votre chaise. Cette pierre fait partie d'une tradition celte que les mariés ont souhaité reprendre aujourd'hui. Selon cette tradition, un vœu exprimé lorsque l'on tient une pierre permet d'inscrire la force de ce souhait à l'intérieur de la roche.

Je vous invite donc maintenant à prendre un instant et penser à ce que vous souhaitez aux mariés. Une fois votre souhait formulé, inscrivez un mot qui résume ce vœu sur la pierre.

A la fin de la cérémonie, ces pierres seront collectées. Et de la même manière que la pierre reste solide et résiste à l'épreuve du temps, le vœu que vous avez formulé, lui aussi, accompagnera les mariés tout au long de leur vie.

Matériel nécessaire

Pour ce rituel, il faut prévoir :

- une pierre par invité (vous aurez besoin de galets lisses s'il est prévu d'écrire un message) ;

- des feutres indélébiles adaptés ;

- un récipient pour collecter les pierres (prévoir plusieurs récipients s'il y a beaucoup d'invités).

Avant de vous lancer dans ce rituel, demandez-vous ce que vous ferez des pierres une fois collectées. Il serait dommage de faire tous ces efforts pour les laisser prendre la poussière dans un garage ou une cave.

V.10. LE SAUT DU BALAI

Le saut du balai est, lui aussi, un héritage celte. Il symbolise la capacité du couple à franchir les obstacles à deux. Selon le sens donné, certains décident que plus le saut est haut, plus les mariés forment un couple fort et prêt à franchir tous les obstacles.

Le balai représente également un outil essentiel du foyer. En un temps ou la terre s'invitait constamment dans les foyers, c'était l'acte de balayer le sol qui permettait de délimiter la demeure de la famille du monde extérieur. Ainsi, le balai représentait le premier outil de protection du foyer.

Il existe plusieurs manières de réaliser ce rituel. Le balai peut être posé au sol et les mariés sautent par-dessus aussi haut que possible, en se tenant les mains. Dans un autre cas de figure, ce sont les témoins qui tiennent le balai à vingt centimètres du sol pour créer un petit obstacle que les mariés franchissent en se tenant la main.

Le balai choisi est traditionnellement un balai de paille.

Texte de la cérémonie

> Sandrine, Julien, vous avez échangé vos vœux et vos alliances et êtes maintenant prêts à franchir tous les obstacles de la vie, ensemble, main dans la main. Pour symboliser cela, et dans l'esprit de la tradition celte, vous allez franchir un premier obstacle en sautant par-dessus ce balai.
>
> Que ce saut soit le premier d'une merveilleuse vie à deux !
>
> *(les mariés s'embrassent et franchissent le balai)*

LIVRE VI

Structurer et organiser une cérémonie

La « structure de la cérémonie » est son déroulé au sens large. C'est-à-dire depuis l'arrivée des invités jusqu'à l'événement suivant la cérémonie (vin d'honneur par exemple). Pour correctement structurer une cérémonie, il faut se projeter de manière très concrète et terre-à-terre. En déroulant la cérémonie dans votre tête, comme un film, vous pourrez décider à quel moment certaines choses auront du sens et comment vous voudrez les enchaîner.

La structure ci-dessous peut être adaptée à un très grand nombre de cérémonies :

- Installation des invités
- Préambule de l'officiant(e)

- Entrée du cortège et des mariés (en musique)
- Introduction et remerciements (officiant)
- Quelques mots sur le couple (officiant)
- Interventions des proches
- Rituel symbolique
- Echange des vœux
- Echange des alliances
- Conclusion de la cérémonie
- Baiser et sortie des mariés (en musique)

Voyons le détail de chacune de ces parties.

VI.1. PRÉAMBULE DE L'OFFICIANT(E)

Les annonces de préambule sont faites avant même que la cérémonie commence, une fois que tous les invités sont réunis sur le lieu de la cérémonie. Afin de pouvoir faire ces annonces, assurez-vous que les invités ont pris leur place et sont attentifs. Même si l'heure de la cérémonie est arrivée, les invités n'en ont pas toujours conscience et ils choisissent parfois de rester debout et de discuter entre eux. C'est donc à l'officiant de les inviter à prendre leur place et leur annoncer que la cérémonie va bientôt commencer.

Une fois que tout le monde est assis, et avant de commencer, l'officiant passe quelques messages pour assurer un bon déroulement de la cérémonie.

Listez les messages qui sont importants à vos yeux, par exemple :

- éteindre les téléphones portables ou les mettre en silencieux ;
- profiter de la cérémonie plutôt que de prendre des photos ;
- identifier les paniers de fleurs / sachets de confettis à jeter à la fin de la cérémonie…

Voici un exemple de préambule à la cérémonie :

Bonjour à toutes et tous,

J'espère que vous passez une magnifique journée !

Tout d'abord je vous souhaite la bienvenue au nom de Laura et Tony, qui vous remercient d'être présents à leurs côtés aujourd'hui.

Je suis Claire, et j'ai l'honneur d'avoir été choisie par les mariés pour officier leur cérémonie.

Pour le bon déroulement de la cérémonie, je vous invite à éteindre vos téléphones portables, ou les mettre sur silencieux.

Comme vous pouvez le voir, un photographe et un vidéaste sont présents, vous pouvez donc laisser vos appareils photos de côté pour la durée de la cérémonie et profiter de cet instant spécial pour les mariés.

Nous allons pourvoir commencer.

VI.2. ENTRÉE DU CORTÈGE ET DES MARIÉS

L'entrée du cortège et des mariés a lieu une fois que tous les invités sont assis et que tout le monde est prêt pour que la cérémonie commence. L'officiant n'a pas besoin de descendre l'allée, il / elle peut déjà être en place au bout de l'allée, au centre ou légèrement sur le côté.

Pour éviter les temps morts, le DJ et le cortège doivent être prêts avant votre annonce en préambule.

Désignez la personne responsable de coordonner l'entrée des

mariés et du cortège : qu'il s'agisse de vous ou d'une autre personne ne fait pas une grande différence, mais il est important de savoir qui est responsable de coordonner ce moment.

Il faut notamment que vous ayez les réponses aux questions suivantes.

Qui descend l'allée ?

Traditionnellement, l'ordre d'entrée est le suivant :

1. Entrée du marié au bras de sa mère
2. Entrée des témoins
3. Père du marié avec mère de la mariée
4. Petites filles d'honneur (avec des pétales)
5. Entrée de la mariée au bras de son père

Bien sûr, rien ne vous oblige à respecter cet ordre, ni même la composition du cortège. Certains mariés décident de mettre les parents à l'honneur, tandis que d'autres choisiront d'avoir uniquement leurs témoins dans le cortège.

Les mariés peuvent aussi simplement entrer ensemble, au bras l'un de l'autre. S'ils entrent l'un après l'autre, ils peuvent le faire seuls ou accompagnés de la personne de leur choix.

La musique

Selon la durée prévue pour l'entrée, vous aurez le temps pour une ou deux musiques. Attention cependant à bien choisir quel extrait du morceau vous comptez jouer, car vous n'aurez peut-être pas le temps de le jouer en intégralité. Comptez environ 40 secondes pour chaque personne ou couple de personnes qui doit descendre l'allée, en marchant lentement.

Pensez à briefer le DJ avant la cérémonie et à bien vous coordonner. Pour cela, utilisez le document « briefing » proposé au chapitre VIII.4. Le meilleur moyen pour l'officiant et le DJ de se coordonner est par des échanges de regards discrets.

Comment descendre l'allée ?

Il n'y a pas de règle absolue, mais deux choses sont importantes :

- Marcher lentement : il ne faut ni se précipiter vers l'autel, ni marcher à une allure trop artificielle. Pour imaginer votre allure, pensez que vous devez pouvoir regarder les visages de toutes les personnes au bout des rangées ;
- Garder de la distance pour ne pas se retrouver à la queue leu leu (laisser la personne devant soi arriver au bout de l'allée – ou au moins au trois-quarts – pour partir à son tour).

La mariée a le droit de se faire désirer, elle peut laisser passer 20 secondes de sa musique avant de commencer à marcher.

Quand la mariée apparaît au bout de l'allée, l'officiant(e) peut inviter l'assemblée à se lever. C'est le seul moment de la cérémonie laïque où je propose aux invités de se lever, mais parfois, ils le font par eux-mêmes dès le début du cortège.

Places réservées

Les témoins et parents faisant partie du cortège auront besoin de s'asseoir après avoir descendu l'allée. Pensez à réserver des sièges vides à l'avant pour eux. Les personnes faisant partie du cortège peuvent rester debout jusqu'à ce que la mariée soit arrivée.

VI.3. INTRODUCTION ET REMERCIEMENTS

Les premiers mots de la cérémonie tournent généralement autour d'un message de bienvenue et de remerciements.

Quel ton employer pour ces premiers mots ?

Ces premiers mots que vous allez prononcer vont donner le ton de la cérémonie. Il est donc important qu'ils soient **sincères** et **authentiques**. Evitez d'être dans un style trop solennel qui pourra dresser une barrière entre vous et les invités. Réciproquement, ne tombez pas dans un style trop décontracté ou humoristique au risque que la cérémonie ne soit pas prise au sérieux. Le bon compromis : gardez un ton naturel, chaleureux et bienveillant.

Pour rédiger ces messages, utilisez les réponses données par les mariés lors de leurs exercices, en particulier lorsqu'ils ont dit qui ils voyaient autour d'eux et ce qu'ils ressentaient à l'idée de partager ce moment avec ces proches.

Voici un exemple de ce que vous pouvez dire:

> Chères familles, chers amis,
>
> Nous sommes tous réunis en ce magnifique jour pour célébrer l'engagement que Claire et Gildas prennent l'un envers l'autre.
>
> C'est le cœur rempli de joie que nous sommes venus aujourd'hui, car quel plus grand cadeau que de voir deux personnes, à qui nous tenons tant, unir leur amour, leurs vies et leurs familles ?
>
> Ce jour, je sais que je ne l'oublierai pas et personne ici non plus, donc au nom de toutes les personnes présentes

aujourd'hui, merci Claire et Gildas de partager ce moment avec nous.

Vous tous, qui êtes présents, avez une place très importante dans la vie de Claire et de Gildas.

Vous êtes les personnes avec qui ils ont choisi de partager ce jour.

Vous êtes ceux qui allez être témoins des promesses qu'ils vont se faire aujourd'hui.

Et vous êtes ceux qui allez parcourir les années à venir à leurs côtés.

Nous avons peu d'occasions dans nos vies de réunir toutes les personnes que nous aimons autour de nous et je sais que pour Claire et Gildas, votre présence ici aujourd'hui est réellement un cadeau. Alors que vous veniez de près ou de loin, merci à tous d'être ici aujourd'hui.

Pour personnaliser cette introduction vous pouvez ajouter :

- une présentation personnelle : qui vous êtes et qu'est-ce que ça vous fait d'officier cette cérémonie ;
- des remerciements nominatifs souhaités par les mariés (pour les personnes venues de loin par exemple) ;
- une pensée pour les personnes qui n'ont pas pu être présentes ;
- une explication de ce que cette cérémonie représente pour les mariés (personnellement, je n'explique jamais le concept de la cérémonie laïque : c'est une cérémonie de mariage tout simplement).

VI.4. LE CONTENU DE LA CÉRÉMONIE

Le contenu de la cérémonie comprend :

- différents discours parlant des mariés ;
- les interventions des proches ;
- éventuellement un rituel symbolique.

Tous ces textes sont rédigés par l'officiant et par les intervenants. Il n'y a pas de règles concernant l'ordre de ces passages. En revanche, je choisis généralement d'aller du plus « léger » au plus « émouvant ». Par exemple, plus on s'approche des vœux, plus on parle d'amour et d'engagement.

Voici l'ordre dans lesquels les thèmes peuvent se suivre :

1. Histoire des mariés, leur couple et leur vie ;
2. Le sens du mariage pour les mariés ;
3. Le genre de couple qu'ils forment (ce thème est souvent abordé par les intervenants dans leurs discours) ;
4. Le sens de l'amour et de l'engagement.

Les discours et textes ne se retrouveront pas nécessairement dans une de ces catégories, mais vous saurez sentir au ton et au thème si l'intervention doit se trouver plutôt vers le début ou vers la fin de la cérémonie.

Pour vous faire une idée plus précise de l'enchaînement des textes les uns par rapport aux autres, reportez-vous au LIVRE VII « Exemples de cérémonies ».

VI.5. L'ÉCHANGE DES VŒUX ET DES ALLIANCES

Les mariés peuvent choisir d'échanger leurs vœux puis leurs alliances ou de mêler les deux évènements en offrant l'alliance à la fin de leurs vœux.

Ce moment de la cérémonie peut être introduit très simplement comme suit :

> Nous arrivons maintenant au moment clé de la cérémonie, car Christophe et Emilie vont à présent échanger leurs vœux, des vœux qu'ils ont écrits eux-mêmes, avec leurs propres mots.
>
> Plutôt que de répéter des promesses classiques, Emilie et Christophe ont réfléchi au sens de cet engagement qu'ils prennent devant vous et aux promesses qu'ils veulent se faire aujourd'hui.

L'échange des alliances peut se faire de trois manières :

1. A la fin des vœux de chaque mariés (ils concluent par exemple leurs vœux en disant « je t'offre cette alliance en signe de mon amour et de mon engagement ») ;
2. En répétant les mots de l'officiant ;
3. En disant une phrase personnelle.

Si les mariés veulent être guidés par l'officiant, le texte peut ressembler à ceci :

> Emilie place cette alliance au doigt de Christophe et répète après moi :
>
> *La mariée répète à chaque point de suspension « (…) ».*
>
> Christophe, je t'offre cette alliance. (...)
> Par elle, je te promets mon amour, mon soutien et ma

fidélité. (...)

Je te choisis pour époux aujourd'hui (...) et, par cette alliance, je suis fière de devenir ta femme. (...)

Puis c'est au tour du marié. Dans ce cas, les deux époux disent la même chose. Ce texte peut être entièrement personnalisé si les mariés souhaitent se faire certaines promesses plus personnelles.

Introduire l'échange des alliances

Si l'échange des alliances a lieu après les vœux, vous devrez introduire ce geste par un texte spécifique. Par exemple, vous pourrez dire :

J'invite maintenant **Prénom du porteur d'alliances** à apporter les alliances.

Emilie, Christophe, ces alliances seront le signe extérieur de votre union. Elles déclareront à toutes les personnes qui vous verront « je suis son mari » et « je suis sa femme ». Ces alliances vous rappelleront à tout moment que vous n'êtes pas seul(e) et que vous aurez toujours une main tendue pour saisir la vôtre. La main de votre meilleur(e) ami(e), la main de votre confident, la main de votre allié.

Ici, il est intéressant de présenter ce que les alliances signifient pour les mariés. N'hésitez pas à creuser ce point avec eux. Si les alliances présentent une particularité, vous pouvez aussi la décrire. Par exemple, un couple dont j'ai célébré le mariage avait des alliances complémentaires : la forme de l'alliance de la mariée était « gravée » en un sillon dans l'alliance du mariée. Ceci dans le but de représenter leur vision du couple : « une partie de toi est en moi ».

Avant l'échange des alliances, vous pouvez aussi procéder à la cérémonie des mains.

La cérémonie des mains

Avant d'échanger vos alliances, j'aimerais vous inviter à vous tenir l'un en face de l'autre.

Regardez-vous, tenez-vous les mains, et considérez ce que ces mains représentent pour vous.

Ces mains sont celles de votre meilleur(e) ami(e) qui vous tiennent aujourd'hui, le jour de votre mariage, et qui vous promettent un amour fort chaque jour, pour le reste de vos vies.

Ces mains sont celles qui vous aideront à construire votre futur.

Ces mains sont celles qui vous aimeront passionnément et qui vous chériront à travers les années.

Ces mains sont celles qui effaceront vos larmes.
Les larmes de tristesse, mais aussi les larmes de joie.

Ces mains sont celles qui tiendront affectueusement vos enfants.

Ces mains sont celles qui vous apporteront du soutien et vous encourageront à poursuivre vos rêves.

Ces mains sont celles que vous serrerez fort dans les moments difficiles. Ces mains sont celles qui vous donneront de la force lorsque vous en aurez besoin.

Enfin, ces mains sont celles qui, même ridées et fragiles, continueront de venir chercher la vôtre, pour vous donner, toujours, le même amour intense et éternel.

VI.6. CONCLUSION DE LA CÉRÉMONIE

Conclure la cérémonie est en fait très simple, tout tient généralement en une phrase.

Vous ne pouvez pas réellement « déclarer » le couple « mari et femme » mais vous pouvez tout de même annoncer leur union.

Par exemple :

> Par l'échange de leurs vœux et de leurs alliances, Emilie et Christophe se sont unis en tant que mari et femme.
>
> Christophe, tu peux embrasser la mariée !

Ou pour un couple de même sexe :

> Par l'échange de leurs vœux et de leurs alliances, Olivier et Florian se sont unis en tant qu'époux.
>
> Vous pouvez vous embrasser !

Le plus important est que la fin de la cérémonie se déroule de manière fluide et que chacun sache ce qu'il doit faire et où il doit aller. Par exemple, les mariés vont-ils remonter l'allée ? les invités doivent-ils jeter des pétales de fleurs ou autres ? Assurez-vous d'avoir les réponses à ces questions avant le début de la cérémonie et de confirmer avec chacun ce qu'il fera et à quel moment.

En fin de cérémonie, je dis habituellement deux choses :

- Quand les mariés se sont embrassés, j'invite tout le monde à applaudir les mariés en disant simplement « Vous pouvez applaudir les mariés »

- Quand les mariés ont remonté les trois-quarts de l'allée, je dis aux invités : « Je vous invite à suivre les mariés pour le vin d'honneur ». Parfois, ce n'est pas le vin d'honneur mais la photo de groupe ou le cocktail. Dans tous les cas, il faut savoir ce qu'il se passe juste après pour aider les invités à se mettre en mouvement (certains n'oseront pas quitter leur siège avant d'y avoir été invités).

VI.7. RELECTURE AVEC LES MARIÉS

Une fois que vous avez fixé tout le déroulé de la cérémonie, discutez-en entre officiant(e) et mariés.

Alors qu'aux Etats-Unis il est habituel que les mariés relisent leur cérémonie avant le jour J, en France beaucoup de couples choisissent de garder la surprise et de découvrir leur cérémonie au dernier moment.

Il y a des avantages et des inconvénients aux deux approches, je vous présente ici quelques éléments à prendre en compte pour décider de ce qui vous conviendra le mieux.

Certaines personnes ADORENT les surprises et une grande partie de leur plaisir vient du fait de ne pas savoir comment les choses vont se passer pour pouvoir se laisser porter et émerveiller à chaque instant. Pour ces personnes, ne rien savoir de la cérémonie est le bon choix. Certains mariés choisissent uniquement les musiques de la cérémonie et préparent leurs vœux, tout le reste est secret, et ça peut inclure beaucoup de choses :

- les textes de l'officiant(e) ;
- la liste des personnes qui vont intervenir ;
- la décoration de la cérémonie ;
- des chants ou autres surprises.

Au contraire, certaines personnes prennent un réel plaisir à découvrir leur cérémonie avant le jour J. Tout d'abord, relire la cérémonie leur permet de revoir et d'ajuster les messages de l'officiant. Ensuite, la relecture leur permet de se projeter dans leur cérémonie et d'imaginer comment se passeront les différents moments. Ainsi, ils se préparent à vivre pleinement chaque instant de leur cérémonie.

Une idée reçue – qui d'ailleurs est erronée – consiste à penser que le fait de connaître à l'avance le contenu de la cérémonie réduira votre émotion le jour J. Il y a pourtant une différence entre savoir que quelque chose va arriver et le vivre réellement. Par exemple, nous savons chaque année que notre anniversaire arrive et que nous allons avoir des cadeaux. Ce n'est pas pour autant que notre plaisir est amoindri. Parfois, le fait de savoir ce qui nous attend permet de nous enthousiasmer encore plus en attendant le jour J.

Le compromis entre ces deux options consiste à relire le discours de l'officiant mais garder la surprise de ce que les proches ont préparé. Ainsi, les mariés gardent un effet de surprise tout en ayant une bonne visibilité sur ce que leur cérémonie sera.

La meilleure manière d'organiser une relecture de la cérémonie est d'envoyer un premier brouillon aux mariés. Ainsi, ils peuvent prendre connaissance de la cérémonie et en discuter entre eux avant de faire un retour à l'officiant(e). Ensuite, le retour devrait se faire à l'oral : l'officiant(e) prend alors des notes et peut imaginer des propositions d'ajustements.

Quand j'envoie un premier brouillon de cérémonie à des mariés, je prends soin de leur mettre un petit mot « d'avertissement » et d'introduction :

> La cérémonie commence une fois que tous les invités sont installés et que les mariés ont descendu l'allée. Les mariés prennent place sur leurs chaises.

> Pour cette version destinée à votre relecture, je n'ai intégré ni les discours, ni les vœux qui resteront secrets jusqu'au jour J.

Le style peut être un peu surprenant, car la cérémonie est écrite pour le discours (et non afin d'être lue). Si vous avez un doute sur certaines tournures, n'hésitez pas à me demander de vous présenter le passage lors de notre prochaine discussion : l'oral sera très différent.

LIVRE VII

Exemples de cérémonies

Dans ce livre, je vous présente des cérémonies quasiment dans leur intégralité. Le but est de vous montrer le résultat final, une fois que les messages sont rédigés, structurés et qu'il faut les enchaîner / créer les transitions. J'ai donc sélectionné quatre cérémonies pour leurs spécificités propres : grand nombre d'intervenants, absence d'échange d'alliances, cérémonie bilingue français-anglais, cérémonie courte.

Ces extraits présentent parfois des similitudes, notamment au niveau des introductions où certaines tournures font partie de mes classiques. Parfois, j'ai choisi de garder certains discours, parfois je les ai retirés : le but est de présenter les éléments clés de la cérémonie en question.

Pour chaque cérémonie, je commence par lister ses spécificités et ce que vous y trouverez. Je vous souhaite d'y trouver de bonnes inspirations !

VII.1. LA CÉRÉMONIE D'EMILIE ET CHRISTOPHE

La cérémonie qui suit comprend :

- De nombreux mots de l'officiante sur les mariés, leur couple et leur amour ;
- Un grand nombre d'intervenants et la retranscription de leurs discours : un discours de témoin pour parler du couple de façon originale, un discours d'une amie qui s'adresse aux deux mariés, un discours d'une proche qui raconte la demande en mariage ;
- Des exemples de transitions pour introduire les discours des intervenants ;
- Un rituel des rubans avec la participation des témoins.

Chères familles, chers amis,

Nous sommes tous réunis en ce magnifique jour pour assister à l'engagement qu'Emilie et Christophe prennent l'un envers l'autre.

Le 28 mai 2016 Emilie et Christophe se sont dit « oui » civilement à la Mairie du 12ème arrondissement. Ils se sont donc unis officiellement aux yeux de la république, et ils ont obtenu le statut de mari et femme. Mais nous savons tous ici que devenir mari et femme ne se fait pas par la simple signature d'un acte. Deux personnes deviennent mari et femme car ils créent un lien par la force de leur amour et qu'ils maintiennent ce lien par un engagement réciproque.

Ce mariage est un grand moment dans la vie d'Emilie et de Christophe. Un moment où ils prennent le temps de s'arrêter pour regarder leur passé et leur avenir et se dire un grand « oui ».

Cette cérémonie est l'occasion pour Emilie et Christophe de partager avec vous ce qui fait la force de leur engagement, et de recevoir en retour votre soutien et vos promesses de les accompagner dans la magnifique aventure qu'ils commencent aujourd'hui.

Vous qui connaissez Emilie et Christophe, vous avez été les témoins de leur complicité, de leur bonheur et, pour certains, de la construction de leur amour.

L'amour qu'Emilie et Christophe partagent est simple et évident.

Leur relation repose sur une confiance inconditionnelle, une bienveillance et une volonté de former une belle équipe. De former la « Love Team », comme ils aiment à l'appeler.

Etre une équipe peut sembler une évidence dans un couple : « de toute façon, tout ce qui leur arrivera, ils devront l'affronter à deux ». Mais Emilie et Christophe ont une vision encore plus riche de ce qu'est une équipe. Ils affrontent, main dans la main, non seulement les épreuves communes, mais aussi les épreuves individuelles. Ce que chacun vit est important pour les deux. Et ils aiment s'apporter le soutien et la sécurité qui leur permettent de vivre une vie paisible et aimante.

Ces traits, vous les avez tous remarqués. Mais une personne en particulier a mis les mots justes pour décrire ce merveilleux couple que nous célébrons aujourd'hui.

J'aimerais inviter une amie de longue date d'Emilie, Carole à venir dire les quelques mots qu'elle a préparés à l'occasion de cette cérémonie.

Discours de Carole, amie des mariés

Un chat adulte en bonne santé consacre environ 65% de sa vie au sommeil – dont 50% de somnolence ou de sommeil léger et 15% de sommeil profond.

Il ne passe donc que 35% de sa vie éveillé et à l'affût, soit 7 heures par jour en moyenne.

Un chamois adulte en bonne santé consacre environ 65% de sa vie à bouger – dont 50% de grimpette ou de glisse (selon les saisons), et 15% de sautillements en tous genres.
Il ne passe donc que 35% de sa vie endormi et ronflant, soit 7 heures

par jour en moyenne.

Ce constat, édifiant, nous fait nous demander comment ce chat, que vous avez reconnu : Emilie, et ce chamois, aussi facilement reconnaissable : Christophe, ont bien pu se trouver !

Eh bien, lors d'une partie de volley. Mais oui, c'est bien connu que les chats et les chamois pratiquent 2 fois par semaine le volley-ball.

Et comme ces deux espèces étaient prêtes à tout pour changer le cours de leur vie suite à cette rencontre et que la vie ne les avait pas fait naître sous la même espèce (bitch !), ils ont décidé, enfin l'amour les a fortement poussés, à se transformer en un parfait mélange entre chat et chamois, entre sommeil incontournable et grimpette vitale : en marmottes !

Voilà un parfait exemple de ce que l'amour peut faire faire à deux êtres irrémédiablement attirés l'un vers l'autre et qui décident coûte que coûte de poursuivre leur route ensemble.
Enfin... trêve de plaisanterie...

L'université de Harvard a révélé fin 2015, les résultats d'une étude sans précédents, démarrée en 1938.

Quelques 724 hommes ont été suivis, observés, interrogés, analysés afin de déterminer : la recette du bonheur.

Et comme je suis de nature généreuse, je vais la partager avec vous, Emilie et Christophe, afin que vous puissiez l'utiliser chaque jour de votre vie qui, comme le dit Jacques Salomé, n'est pas derrière vous, n'est pas devant vous, elle est ici et maintenant, elle est en vous !

4 tasses d'amour
2 tasses de fidélité
3 tasses de douceur
1 tasse d'amitié
2 brins d'espoir
2 feuilles de tendresse
4 cuillères à soupe de confiance

UNE BELLE CÉRÉMONIE

1 bonne dose de compréhension

Bien mêler l'amour et la fidélité à la confiance. Y mélanger la tendresse, la douceur et la compréhension. Ajouter l'amitié et l'espoir. Saupoudrer abondamment de gaîté. Réchauffer de soleil (très important pour les chats !). Servir généreusement tous les jours.

Alors Mr et Mme Marmotte, enfilez vos tabliers et aux fourneaux !

***

Merci Carole.

En une journée aussi belle qu'aujourd'hui, on voit Emilie et Christophe rayonnants de bonheur. Mais ce qu'il y a de beau en eux, c'est qu'ils sont comme ça au quotidien.

C'est chaque jour, qu'ils s'offrent des sourires, qu'ils se donnent de la tendresse, qu'ils cultivent la sérénité.

Le bonheur dans leur couple est fait de plein de petites choses simples qu'ils entretiennent. Et le résultat est que leur bonheur est perceptible pour toute personne qui croise leur chemin.

Le mariage d'Emilie et de Christophe est un grand pas dans leur vie de couple : bien sûr, leur mariage ne va pas changer fondamentalement leur quotidien, mais aujourd'hui, ils émettent tous les deux un vœu commun, ils font un choix pour leur couple, ils prennent un engagement.

Et ils le font de la plus belle des manières en se faisant une promesse.

Une promesse de toujours être là l'un pour l'autre.
Une promesse de toujours se chérir, s'aimer et se protéger.
Une promesse de se soutenir et de s'offrir une loyauté sans faille.
Une promesse de créer des instants de bonheur, même dans les plus petits moments.
Ces promesses ils se les sont déjà faites, parfois verbalement, parfois

implicitement. Christophe a dit à Emilie « tu es tout pour moi » chaque fois qu'il lui a lu des contes le soir pour l'apaiser. Emilie a dit à Christophe « je serai toujours là pour toi » quand elle a répondu « oui » à l'ultime question qu'il lui a posée au Pic Paradis.

C'est donc un engagement que nous célébrons, et c'est un ensemble de liens. Des liens d'amour, de soutien, d'amitié… que vous partagez tous ici.

Cette cérémonie est aussi l'occasion pour chacun de vous de prendre le temps de considérer tous ces liens qui vous unissent les uns aux autres et de les chérir.

A ce titre, j'aimerais laisser la place à une personne qui parlera particulièrement bien de ce sujet. Une amie de longue date d'Emilie, dont Emilie m'a dit qu'elle était presque une sœur : Agathe.

Discours d'Agathe

Bonjour à toutes et à tous,

Emilie, Christophe, vous nous avez tous réunis pour célébrer l'amour, votre amour.

Christophe, je suis sûre que tu ne m'en voudras pas de commencer par Emilie.

Ma belle Emilie !
Voilà 20 ans que tu partages ma vie et que je partage la tienne. Si notre amitié n'a pas été au premier abord une évidence, je remercie nos mères de nous avoir permis de développer cette relation unique que nous avons.

Lorsque Claire m'a demandé quelle type de relation nous avions, j'ai répondu sans hésitation "une amitié familiale".

Je ne sais pas si mon qualificatif te parle alors je vais t'expliquer ce qu'il signifie pour moi.

Selon le Larousse, la famille c'est l'ensemble des générations successives descendant des mêmes ancêtres ou l'ensemble des personnes unies par un lien de parenté et d'alliance.

Pour moi, la famille c'est encore plus que ça, d'où mon terme d'amitié familiale.

Une amitié familiale parce que l'une comme l'autre nous nous acceptons telle que nous sommes avec nos qualités (on en a plein, hein ?) et avec nos défauts (j'admets on en a quelques-uns quand même).

Une amitié familiale parce qu'on est capable de se dire quand quelque chose cloche entre nous, ou quand quelque chose ne nous plait pas. Sans colère, sans violence et au contraire avec tout l'amour que l'on se porte.

Une amitié familiale parce que l'on a une confiance aveugle en l'autre, que l'on peut tout se dire sans peur d'être jugée et que l'on respecte nos choix et décisions.

Une amitié familiale parce que nous serons toujours reliées l'une à l'autre. Il y a entre nous, comme un fil d'Ariane pour ne jamais se perdre. La vie nous l'a prouvé. Parfois, nous nous sommes éloignées en acceptant que n'avions pas le même parcours. Mais nos chemins maintenaient une trajectoire parallèle pour se retrouver naturellement lorsque l'une ou l'autre tirait sur le fil, comme si l'on ne s'était jamais quittées. Nous avons accepté la distance géographique sans en faire une barrière. L'expression "loin des yeux, loin du cœur" est bien loin de la valeur de notre amitié.

Tu auras compris que pour moi la famille c'est avant tout un lien d'amour qui unie certains êtres humains. Bien-sûr les liens de sang nous offrent l'avantage d'une intimité privilégiée mais seul l'amour créé les relations uniques telles que celles que tu entretiens avec tes sœurs, tes amies les plus proches et depuis quelques années avec Christophe, ton bien-aimé.

Et la famille c'est ça.

Aujourd'hui nous avons le bonheur d'être les témoins de votre amour, de votre famille, de votre évidence.

Parce qu'à mes yeux dès que j'ai rencontré Christophe c'était une évidence. Il allait agrandir ta famille.

Toi, mon Emilie qui a tant besoin d'être rassurée sur l'amour que l'on te porte. Cette faille si attachante que Christophe semble combler en t'apportant la tendresse, l'amour et la sécurité que tu cherchais tant. Il t'a permis ainsi de lâcher prise, de t'écouter et de mieux comprendre cette personne extraordinaire que tu es. Cette femme fidèle, aimante et délicate. Tu as trouvé en Christophe, ton âme-sœur, je le sens, je le vois.

Christophe, à tes côtés, elle est heureuse, elle s'illumine dès qu'elle parle de toi, elle est épanouie, elle peut être elle-même, elle se sent protégée, aimée et respectée.

Et c'est si bon de la voir comme ça alors merci de la rendre si heureuse car tu rends tout aussi heureuses les personnes qui l'aiment.

Je voudrais finir en vous disant qu'en vous regardant tous les 2, j'ai la certitude que vous saurez multiplier votre amour et agrandir votre famille pour en faire un foyer protecteur et rempli d'amour pour les futurs mini-vous.

Je vous aime très fort et vous souhaite de nombreuses années de bonheur.

***

Merci Agathe.

UNE BELLE CÉRÉMONIE

Emilie et Christophe forment déjà à eux deux une petite famille et depuis longtemps ils planifient leur avenir ensemble. En toute simplicité et comme une évidence, ils ont rapidement posé les briques de leur vie à deux : habiter ensemble après tout juste 6 mois de relation, partager un quotidien, rêver des enfants, d'une vie agréable en province.

Toutes ces petites choses auxquelles deux personnes rêvent et qui signifient « c'est avec toi que je veux vivre cette belle vie ».

Emilie, Christophe, vous confirmez aujourd'hui un lien que vous avez tissé à deux avec soin et amour.

Si vous en êtes arrivés ici aujourd'hui, c'est parce que vous avez tous les deux trouvé la personne avec qui tout est simple. La personne qui rend votre quotidien plus beau.

Heureusement, vous avez su, sur cette route, prendre les bonnes décisions au bon moment.

(à Emilie)
Christophe a pris la première bonne décision en t'invitant Emilie à aller boire un verre avec lui à l'époque où vous vous croisiez aux entrainements de volley.

Et ensuite, vous avez pris ensemble une séric de bonnes décisions. Ce qui est étonnant, c'est que c'était toujours des décisions simples et évidentes. Vous voulez tous les deux la même chose, vous avez les mêmes attentes et les mêmes rêves.

Vous souhaitez tous les deux de la tendresse pour votre couple, vous voulez vous soutenir et pouvoir compter l'un sur l'autre.

Autant de besoins simples, mais qui vous permettent d'être en accord sur les points fondamentaux de votre vie à deux. Ensemble, vous savez construire une vie agréable et pleine d'amour.

Et les personnes qui vous côtoient le voient bien. Et justement, je vais à présent laisser la parole à une de ces personnes qui a été le témoin direct de la beauté de votre couple. J'invite Christine à nous rejoindre.

Discours de Christine, amie des parents de la mariée

Émilie, quand tu m'as annoncé la présence de Christophe dans ta vie c'était comme si tu venais de trouver un trésor sur une île déserte, tu avais les yeux pleins d'étoiles - et justement Christophe c'est sur une île que tu as fait ta demande en mariage.

Mais pas dans un hôtel de luxe le soir sur une plage de rêve, non !!!! Tout en haut du pic que l'on appelle Paradis à Saint Martin, la couetteuse invétérée avait suivi courageusement dans l'ascension son montagnard aguerri aux sommets étoilés et accepté la bague au doigt.

Vous étiez aux anges tous les deux, et vous êtes redescendus ce jour-là de votre nuage avec la certitude de construire un couple à votre manière qui ne ressemblera à aucun autre.

Aujourd'hui vous êtes ici avec vos familles, vos amis, vos proches pour le sceller et nous le présenter. Il va vous ouvrir tant de nouveaux horizons et votre amour va intensifier votre sensation d'exister.

L'aventure promet d'être belle et je suis heureuse de la partager encore avec vous aujourd'hui.

Alors je vous souhaite beaucoup de bonheur pour cette belle vie qui vous attend.

***

Merci Christine.

Emilie, Christophe, comme vous le savez une cérémonie de mariage est un grand moment qui doit être confirmé par un engagement intime et profond. Une union sincère que seul votre amour peut créer et que seul votre engagement peut maintenir.

Par votre mariage, vous vous engagez à être le meilleur partenaire pour l'autre, à vous parler comme des amis, à vous écouter comme des confidents, à vous aimer avec passion, et à vous critiquer uniquement dans la bienveillance.

Vous savez que pour former une bonne équipe il faut être bien individuellement, mais vous savez aussi que c'est la force de votre couple qui vous apporte le soutien et l'énergie pour affronter les épreuves individuelles.

Vous formez une belle équipe, et pour vous aider à continuer sur cette jolie voie, Mathieu va partager avec vous une sagesse que peu de gens ont l'occasion de découvrir dans leur vie. Il s'agit de la sagesse de la montagne.

***

Discours de Mathieu

Christophe, je suis heureux d'être ici aujourd'hui pour partager ce grand moment de ta vie avec toi. J'ai la chance de te connaître depuis de nombreuses années et je me réjouis que tu aies trouvé la personne avec qui tu veux parcourir la vie. On le sait tous les deux, quand on veut faire un long voyage, il vaut mieux avoir le bon partenaire.

Et justement Emilie, je vais te parler de ce Christophe, le Christophe de la montagne, celui que je connais le mieux.

Quand on fait de l'alpinisme, on est encordé. C'est un lien qui est là pour le meilleur et pour le pire. Un lien qui représente la sécurité et qui nécessite une relation de confiance. C'est aussi un lien qui crée une sorte de huis clos, comme quand on est 2 sur un bateau : on a plus de risques de s'engueuler.

Mais sans ce lien, sans ce risque, sans cette confiance, on ne peut pas atteindre le sommet. Et même si on y arrivait, il manquerait le partage, la personne avec qui on veut contempler le paysage une fois arrivé.

En bref, la montagne c'est comme la vie, à 2 c'est mieux !

Quand on se sent en sécurité, on fait des choses qu'on ne ferait pas seul. On peut réaliser de plus grandes choses, atteindre des objectifs qui ne s'atteignent qu'à deux. Bon on sait que la démotivation est contagieuse aussi et personne n'est à l'abri du mal de rimayes[5].

Surtout que la montagne est un milieu réputé difficile, plein de contraintes et dangers, qui nécessite des qualités qui sont aussi utiles dans la vie de couple.

Déjà, il faut une persévérance et une endurance (nourries aux pâtes de fruits et au lait concentré sucré). Il faut décider dès le début qu'on ne baissera pas les bras face aux difficultés. Il faut avoir un mental d'acier pour savoir se remotiver.

Ensuite, il faut une adaptabilité et une bienveillance. Il vaut mieux faire une sortie de moins d'ampleur mais incluant tout le monde plutôt que de chercher à atteindre un objectif égoïste qui ne laisse plus de place au partage. Et ça c'est une des grandes qualités de Christophe, il place toujours la camaraderie avant la performance.

Il faut aussi avoir une certaine exigence et un perfectionnisme. On veut aller vers le haut, alors il faut être léger. Avoir le bon matériel pour ne pas se mettre en situation de difficulté.

Et enfin, il faut avoir un sens du renoncement. Même si on part avec une idée de ce que sera le trajet, il faut savoir rester flexible face aux surprises. Parfois, ça sera la météo, parfois une démotivation. Et même quand l'autre veut renoncer, il faut savoir adapter ses aspirations. Parfois l'un doit remotiver l'autre, parfois il faut savoir laisser ses attentes de côté car ce n'est pas tout d'atteindre le sommet, la qualité du chemin parcouru a toute son importance. Le plaisir doit être partagé, équitable. Vous l'avez compris, la route compte plus que la destination.

Pour ce long chemin que vous vous apprêtez à parcourir ensemble, je

[5] Mal de l'alpiniste qui se sent soudain submergé par l'angoisse d'entreprendre la voie.

vous souhaite donc de partir bien équipés. De vous offrir mutuellement confiance et sécurité. De rester endurants et de ne pas baisser facilement les bras. De vous offrir de la camaraderie et de la bienveillance. De savoir renoncer quand il le faut et vous remotiver mutuellement.

Je vous souhaite d'atteindre les plus hauts sommets et que votre route soit toujours agréable et heureuse.

***

Merci Mathieu.

Rituel des rubans

Emilie, Christophe, avant d'échanger vos vœux, vous avez choisi de symboliser votre union par un geste tout particulier : vous avez choisi d'unir symboliquement vos mains à l'aide de rubans. Ce sont vos témoins qui placeront ces rubans et qui donneront ainsi tout son sens à cette place d'honneur que vous leur avez confiée.

Vos témoins ne sont pas uniquement là pour attester de votre union. Ils ont accepté ce rôle pour cette journée et pour la vie.

Etre témoin signifie qu'ils souhaitent célébrer ce grand moment avec vous et partager tous les autres.

Etre témoins signifie qu'ils vous connaissent et qu'ils voient la force de votre couple.

Ce geste de placer des rubans autour de vos poignets signifie qu'ils créent un lien supplémentaire avec vous. Un lien fait pour durer.

Vos témoins resteront à vos côtés. Ils accompagneront votre couple. Ils offrent leur protection à votre couple et ils confirment leur conviction que le lien que vous créez aujourd'hui ne fera que de se renforcer avec les années.

Céline, Mathilde, Renan et Manu, j'aimerais vous inviter à vous lever.

Christophe, Emilie, joignez vos mains, Christophe paume vers le haut et Emilie vers le bas.

Vous tenez la main de votre partenaire aujourd'hui, le jour de votre mariage. Une main qui vous promet un amour fort chaque jour, pour le reste de vos vies.

Une main qui vous aidera à construire votre futur.

Une main qui vous aimera passionnément et qui vous chérira à travers les années.

Une main qui vous apportera du soutien et vous encouragera à poursuivre vos rêves.

Une main que vous serrerez fort dans les moments difficiles et qui vous donnera de la force lorsque vous en aurez besoin.

Vos quatre témoins vont maintenant venir lier vos mains. Pour cela ils vont chacun placer un ruban autour de vos poignets.

Les témoins viennent, disent une phrase aux mariés et placent le ruban.

Céline
"Emilie et Christophe, que ce ruban symbolise un mariage rempli de rires, de petits bobos et de patience. Je vous aime."

Renan
Je vous souhaite à tous les deux du soleil, beaucoup de soleil et un peu de pluie ; parce que ça rafraîchit, et aussi parce qu'après elle, le soleil nous semble un peu plus beau.

Mathilde
Que votre vie à deux soit tissée de bonheur.

Manu
Que ce mariage soit pour vous le socle inébranlable d'un foyer à

votre image ; plein d'ouverture, d'intelligence, de bonheur et surtout éternellement rempli de « mamours ».

Claire rassemble les rubans avec un dernier souhait :
Conservez ces rubans en souvenir de ces vœux exprimés par vos témoins. Qu'ils vous rappellent tout ce qui fait la force de votre mariage, ce qui vous enveloppe, vous protège et vous lie.

Echange des vœux et des alliances
Les témoins restent debout à côtés des mariés

Nous arrivons maintenant au moment clé de la cérémonie, car Christophe et Emilie vont à présent échanger leurs vœux, des vœux qu'ils ont écrits eux-mêmes, avec leurs propres mots.

Plutôt que de répéter des promesses classiques, Emilie et Christophe ont réfléchi au sens de cet engagement qu'ils prennent devant vous et aux promesses qu'ils veulent se faire aujourd'hui.

J'aimerais inviter Teo et Nathan à apporter les alliances.

L'alliance est un symbole fort. Il sera le signe extérieur de ce lien que vous créez aujourd'hui par votre mariage. Ces alliances déclareront à toutes les personnes qui vous verront « je suis son mari » et « je suis sa femme ».

Echange des vœux d'Emilie et de Christophe. Chacun offre l'alliance en conclusion de ses vœux en disant « je t'offre cette alliance en signe de mon amour et de mon engagement ».

Conclusion

Par l'échange de leurs vœux et de leurs alliances, Emilie et Christophe se sont unis entant que mari et femme.

Christophe tu peux embrasser la mariée.

VII.2. LA CÉRÉMONIE DE FLORIAN ET OLIVIER

La cérémonie qui suit comprend les éléments suivants :

- Une introduction avec l'histoire du couple ;
- Une histoire sur l'amour racontée par l'officiant ;
- Une participation des invités par un baiser envoyé de la main ;
- Un passage sur les alliances, sans échange des anneaux ;
- Le rituel des rubans avec la participation des témoins ;
- Une conclusion de cérémonie pour un couple de deux hommes.

Chères familles, chers amis,

Nous sommes tous réunis en ce magnifique jour pour assister à l'engagement qu'Olivier et Florian prennent l'un envers l'autre.

Ils se sont mariés l'an dernier à la mairie, officialisant leur union aux yeux de la société et de la république. Mais aujourd'hui, c'est dans l'intimité de leur cercle familial et entourés de leurs amis les plus proches qu'ils échangent leurs vœux.

Cette cérémonie est la déclaration de leur amour et de leur volonté de parcourir cette vie à deux.

C'est donc le cœur rempli de joie que chacun est venu aujourd'hui, car quel plus grand cadeau que de voir deux personnes, à qui l'on tient tant, unir leur amour, leurs vies et leurs familles ?

Vous tous, qui êtes présents, avez une place très importante dans la vie d'Olivier et de Florian.

Vous êtes les personnes avec qui ils ont choisi de partager ce jour.

Vous êtes ceux qui allez être témoins des promesses qu'ils vont se faire aujourd'hui.

Et vous êtes ceux qui allez parcourir les années à venir à leurs côtés.

Nous avons peu d'occasions dans nos vies de réunir toutes les personnes que nous aimons autour de nous et je sais que pour Olivier et Florian, votre présence ici aujourd'hui est réellement un cadeau. Alors que vous veniez de près ou de loin, merci à tous d'être ici aujourd'hui.

Chacun de vous a connu Olivier et Florian à différentes étapes de leurs vies : certains parmi vous les ont rencontrés lors de vos études à Rennes, à Nantes, à Poitiers ou Londres – et d'autres chez Bacardi quand ils ont fait connaissance ; et certains – parents, frères – ont toujours été dans leurs vies.

Vous les avez vus évoluer ensemble et séparément et vous avez tous été témoins de ce qu'ils se sont apporté mutuellement dans leurs vies.

Même s'ils se sont connus en 2010, leur histoire a réellement commencé en 2013. Bien que séparés par la distance entre Bruxelles et Paris, leur couple s'est pourtant construit comme une évidence. Cette distance qui aurait pu être une épreuve, a réellement forgé la solidité de leur couple.

Pendant deux années, leur vie de couple était rythmée par des week-ends de retrouvailles, des escapades en amoureux et des voyages. Quand ils se sont enfin retrouvés tous les deux en France en 2015, ils ont construit leur premier nid à Levallois-Perret. Vivre enfin ensemble, se voir chaque jour, construire un quotidien… a renforcé une certitude chez Olivier et Florian : ils ont su qu'ils voulaient passer chaque jour de leur vie ensemble.

C'est là que le mariage est devenu une évidence. Porter le même nom, devenir une famille, passer de « compagnon » à « mari » … autant de signes symboliques et importants qui ancrent encore plus leur amour dans leur vie.

Et nous voilà ici, aujourd'hui, un an après ce mariage civil pour célébrer de nouveau cet engagement et pour être les témoins d'une nouvelle étape de la vie d'Olivier et de Florian. Un chapitre qui s'ouvre au cœur des montagnes, mais aussi au bord de l'eau, dans leur nouveau chez eux, ici à Annecy.

(…) Ici un proche a fait un discours sur son amitié avec les mariés.

Olivier, Florian, aujourd'hui est le jour de votre mariage et c'est une étape importante pour vous. Bien sûr, vous savez que votre mariage ne va pas changer fondamentalement votre quotidien. Pourtant, il apporte une nouvelle fondation à votre vie et il a un sens propre.

Le mariage signifie que vous devenez un et que vous inscrivez ce lien dans le temps.

Vous savez que par votre mariage, vous vous embarquez dans le même bateau pour un très long voyage, une aventure. Car oui, l'amour est une grande aventure, puisqu'il engage tout notre être. Vous savez aussi que le mariage n'est pas fondé sur une promesse, mais sur un amour réciproque que chacun entretien. En vous parlant, même pour vous dire les choses difficiles. En vous écoutant sans jugement et avec bienveillance. En ayant confiance l'un en l'autre et en la vie que vous construisez ensemble. En étant complices et en vivant les changements main dans la main.

(…) Ici, un témoin a fait un discours.

À mon tour, j'aimerais vous raconter une petite histoire au sujet de l'amour.

Il était une fois, une île où tous les différents sentiments vivaient : le Bonheur, la Tristesse, la Patience, ainsi que tous les autres, l'Amour y compris.

Un jour on annonça aux sentiments que l'île allait couler.

Ils préparèrent donc tous leurs bateaux et partirent.
Seul l'Amour resta.
L'Amour voulait rester jusqu'au dernier moment.

Quand l'île fut sur le point de sombrer, l'Amour décida d'appeler à l'aide.

La Richesse passa à côté de l'Amour dans un luxueux bateau.
Alors l'Amour lui dit "Richesse, peux-tu m'emmener ?"
"Non car il y a beaucoup d'argent et d'or sur mon bateau. Je n'ai pas de place pour toi."

L'Amour décida alors de demander à l'Orgueil, qui passait aussi dans un magnifique vaisseau : "Orgueil, aide moi je t'en prie !"
"Je ne puis t'aider, Amour. Tu es tout mouillé et tu pourrais endommager mon bateau".

La Tristesse étant à côté, l'Amour lui demanda, "Tristesse, laisse-moi venir avec toi."
"Oh...Amour, je suis tellement triste que j'ai besoin d'être seule !

Le Bonheur passa aussi à côté de l'Amour, mais il était si heureux qu'il n'entendit même pas l'Amour l'appeler.

Soudain, une voix dit : "Viens Amour, je te prends avec moi."
C'était un vieillard qui avait parlé.
L'Amour se sentit si reconnaissant et plein de joie qu'il en oublia de demander son nom au vieillard.

Et lorsqu'ils arrivèrent sur la terre ferme, le vieillard s'en alla.

L'Amour réalisa combien il lui devait et demanda au Savoir : "Qui m'a aidé ?"
Le savoir lui dit : "C'était le Temps"
"Le Temps ?" s'interrogea l'Amour. "Mais pourquoi le Temps m'a-t-il aidé ?"

Le Savoir sourit plein de sagesse et répondit : "C'est parce que seul le Temps est capable de comprendre combien l'Amour est important dans la Vie."

Souvenons-nous tous de la conclusion de cette histoire.

L'amour est ce qui nous donne de la force. L'amour nous permet de trouver le courage de donner tout ce que nous avons à donner. Enfin, l'amour, nous pousse à nous dédier corps et âme à l'autre. A être prêt aux plus grands sacrifices, car rien que l'on puisse perdre ne nous manquera, tant que cet amour sera là.

Echange des vœux

Nous arrivons à un moment fort de la cérémonie, car Florian et Olivier vont maintenant échanger leurs vœux, des vœux qu'ils ont écrits eux-mêmes, avec leurs propres mots.

Plutôt que de répéter des promesses classiques, Olivier et Florian ont réfléchi au sens de cet engagement qu'ils prennent devant vous et aux promesses qu'ils veulent se faire aujourd'hui.

Olivier et Florian se mettent debout et se tiennent l'un en face de l'autre pour échanger leurs vœux.

Après l'échange des vœux (participation des invités)

Nous avons peu d'occasions dans nos vies de réellement prendre le temps de nous écrire et de nous dire ce genre de choses.

Florian, Olivier, je vous souhaite de trouver une occasion à chacun de vos anniversaires de mariage pour ré-observer votre couple et réaffirmer votre amour comme vous venez de le faire.

Mais aujourd'hui est une occasion particulière, car vous avez choisi de partager ces promesses devant vos proches et de les rendre ainsi tous témoins de votre union.

Et en retour, et par leur présence, ils vous offrent leur soutien.

Alors chères familles, chers amis, j'aimerais tous vous inviter à votre tour à faire une promesse aux mariés, une promesse de les accompagner à chaque étape de leur vie, en leur envoyant un baiser de la main.

Claire montre le geste et tous les invités envoient un baiser de la main.

Rituel des rubans

Aujourd'hui, Olivier et Florian ne vont pas échanger d'alliances, car ils les portent déjà depuis un an : depuis qu'ils les ont échangées à leur mariage civil.

Même si vous ne ferez pas cet échange symbolique devant nous aujourd'hui, vous avez souhaité prendre un moment pour vous souvenir de ce que ces alliances symbolisent pour vous.

Vos alliances, composées de trois types d'or, représentent trois aspects de votre relation qui en sont les piliers : l'or rose symbolise l'amour et la passion qui vous unit, l'or gris symbolise l'amitié que vous vous offrez et l'or jaune symbolise la fidélité et la loyauté.

Bien que vous n'échangiez pas vos alliances aujourd'hui, vous avez tout de même choisi de réaliser un geste symbolique à l'occasion de cette cérémonie. Un geste qui représente le lien de votre mariage et qui met vos témoins à l'honneur.

En tant que témoins, Cécile, Jon, Manu et Florent ne sont pas uniquement là pour attester de l'engagement qu'Olivier et Florian prennent l'un envers l'autre. Ils sont aussi là pour affirmer qu'ils resteront à leurs côtés pour les épauler dans leur vie de couple et les accompagner dans les grands et les petits moments.

Vous savez que le mariage n'est pas une journée, il est une vie que vous construisez à deux. Une vie qui sera faite d'évènements joyeux et aussi d'épreuves. Vos témoins sont les personnes sur qui vous pourrez compter pour vous soutenir dans la promesse que vous vous faites aujourd'hui.

J'aimerais donc inviter les témoins à nous rejoindre.

Dans la tradition celte, il n'était pas commun d'échanger des alliances, en revanche les mains des époux étaient liées avec un ruban. Ce lien physique symbolise le lien intérieur qu'ils créent entre eux.

Aujourd'hui, ce sont vos témoins qui vont vous lier les mains et qui se présenteront ainsi comme garants et protecteurs de votre union.

Olivier, Florian, je vous invite donc à joindre vos mains.

Vous tenez la main de votre meilleur ami aujourd'hui, le jour de votre mariage. Une main qui vous promet un amour fort chaque jour, pour le reste de vos vies.

Cécile *(en plaçant le ruban)* :
Une main qui vous aidera à construire votre futur, qui vous aimera passionnément et qui vous chérira à travers les années.

Jon *(en plaçant le ruban)* :
Une main qui effacera vos larmes. Les larmes de tristesse et les larmes de joie.

Manu *(en plaçant le ruban)* :
Une main qui vous apportera du soutien et vous encouragera à poursuivre vos rêves.

Florent *(en plaçant le ruban)* :
Une main que vous serrerez fort dans les moments difficiles et qui vous donnera de la force lorsque vous en aurez besoin.

Olivier, Florian, vous unissez aujourd'hui vos vies et vous liez vos destins. Conservez ces rubans en souvenir de ce nouveau lien qui vous unit.
(Claire retire les rubans).

Conclusion
Par l'échange de leurs vœux et l'union de leurs mains, Olivier et Florian se sont unis entant qu'époux. Vous pouvez vous embrasser.

VII.3. LA CÉRÉMONIE BILINGUE DE SANDRINE ET PETER

La cérémonie qui suit comprend :

- Une cérémonie bilingue en français et en anglais qui permet de voir comment jongler entre deux langues sans répéter le même texte deux fois ;
- Une cérémonie animée par un proche et donc sur un ton plus amical, moins formel ;
- Un rituel du sable dans les deux langues ;
- Un échange de vœux qui montre comment mêler les deux langues dans ses vœux ;
- Un échange des alliances guidé par l'officiant, et dans deux langues.

Chères familles, chers amis,

Nous voilà tous réunis ici et aujourd'hui pour assister à l'engagement que Sandrine et Peter prennent l'un envers l'autre.

C'est le cœur rempli de joie que nous sommes venus aujourd'hui, car quel plus beau cadeau que de voir deux personnes, à qui nous tenons tant, unir leur amour, leur vie et leurs familles ?

Sandrine et Peter vous ont tous invités aujourd'hui à être les témoins des promesses qu'ils vont se faire. Ils vous ont choisis pour être les témoins de leur engagement. Et s'il y a une chose que j'ai apprise pendant les mois passés, alors qu'on préparait cette cérémonie ensemble, c'est que partager ce moment avec vous compte énormément pour Sandrine et Peter. En particulier, je sais qu'ils sont incroyablement heureux de vous avoir tous ici aujourd'hui. Et comment pourraient-ils ne pas l'être ? Vous êtes des gens géniaux.

Alors au nom des mariés, j'aimerais vous remercier d'être venus de France, de Grande Bretagne, de l'Ile Maurice, des Etats-Unis, d'Allemagne, de Thaïlande et d'Australie, et Sandrine et Peter tiennent aussi à remercier leurs témoins et toutes les personnes qui ont participé à la préparation de ce mariage.

Mais en particuliers, un grand merci à Jeanine, la maman de Sandrine, Mamie Jo sa grand-mère, son frère Juju, Pravin le père de Peter et Leela sa mère. Merci d'être là aujourd'hui mais pas seulement. Merci pour l'amour que vous avez porté à Sandrine et Peter et qui en a fait les personnes qu'ils sont aujourd'hui. C'est grâce à votre soutien et à votre bienveillance qu'ils partagent tous les deux dans leur cœur une valeur très forte : l'amour de la famille. Et alors qu'ils commencent cette nouvelle étape de leur vie, ils peuvent vous regarder et voir tout ce que la vie réserve de plus beau. L'amour qui vient de la famille est unique. C'est un amour naturel, oui, mais qui est nourri par le bon caractère et la bienveillance de chacun. L'amour de la famille est inébranlable, il est le modèle de loyauté le plus élevé qui existe. Il est riche, il est éternel, il est simple.

Et ce qui est magnifique, c'est que quand on regarde Sandrine et Peter, on voit qu'ils partagent un amour de cette nature. Ils s'aiment, se respectent et s'accompagnent de manière généreuse et sincère. Je vous avoue que je suis personnellement très émue par leur couple et que je n'ai aucun doute qu'ils sauront construire une vie merveilleuse dans un foyer chaleureux.

Alors ce jour est un grand jour, pour Sandrine et Peter, mais aussi pour nous tous. Et comme c'est vraiment pour nous tous, je vais reprendre ce que je viens de dire en anglais.

Dear friends and family, I have made a promise and you are going to enjoy this ceremony as well.

So we are gathered here today to celebrate Peter and Sandrine's love and commitment.

We are here to witness the promises that they are going to make to each other. And we have come here, our hearts filled with happiness, for nothing is as touching as seeing two people, who we care so deeply about, joining their love, their lives, and their families.

And I know that sharing this moment with you all means a lot to Sandrine and Peter. We have few opportunities in our lives to bring together all the people that we love. So in the name of the bride and groom, I would like to thank you all for being here today. All of you, who have come from the UK, Mauritius, the United States, Germany, Thailand, Australia, and from all around France.

Sandrine and Peter would also like to thank their witnesses and all the family and friends involved in the preparation of the wedding.

Sandrine and Peter would also like to thank Sandrine's mother (Jeanine), her brother (Juju), her grand mother (Mamie Jo), Peter's father (Pravin), His mother (Leela) as well as.
Without you all, this day wouldn't be what it is. Because today is about sharing this new step with you. It's about making a commitment with all of you as witnesses.

Sandrine, Peter, the commitment that you are making today is founded on love, support, and shared values. I am in deep admiration of your couple and I feel lucky that you have decided to share your story with me and that you have trusted me to perform this ceremony.

You are both beautiful people and you make each other's lives even more beautiful just by being in it. Today you are becoming a family and I know how important this is for you. Not only because it's the beginning of a new wonderful journey for the both of you, but also because you have such a deep attachment to your own families, that starting your own family is very precious to you both.

Cérémonie du sable

Sandrine et Peter ont choisi de déclarer leur engagement devant vous tous par l'échange de leurs vœux. Mais pas seulement. Ils ont également choisi de symboliser leur union à travers une cérémonie toute particulière.

Dans ce vase, ils vont mêler deux sables : un sable rouge qui provient d'un village du Roussillon et un sable blanc venu tout droit de l'Ile Maurice.

J'aimerais demander à Agatha, la cousine de Sandrine, d'apporter le sable rouge. Agatha, je vous invite à remettre ce sable à Sandrine, en symbole du soutien de votre famille à cette union.

J'aimerais demander à Pravin, le père de Peter d'apporter le sable blanc. Pravin, remettez ce sable à Peter, en symbole de la bienveillance de votre famille, sur laquelle ils pourront toujours compter.

Quand Sandrine et Peter vont verser ensemble le sable dans ce vase, les grains vont s'entremêler, symbolisant l'union de leurs deux familles. Une fois les grains mêlés, il ne sera plus possible de séparer un sable de l'autre.

Sandrine and Peter are going to perform a sand ceremony. They have both collected sand from a place of their origin: the red sand is from a village in the south of France and the white sand comes from Mauritius.
As they will pour the sand in the vase, the grains will mix in a way that it will never be possible to separate them again.

Sandrine et Peter mélangent les sables.

Sandrine, Peter, conservez précieusement ce vase. Qu'il vous rappelle que vous avez unis vos vies avec le soutien et la bienveillance de vos familles.

Sandrine et Peter vont à présent échanger les vœux qu'ils ont écrit l'un pour l'autre. Sandrine, veux-tu commencer ?

Vœux de Sandrine pour Peter

Mon bébé, lorsque j'ai commencé à écrire mes vœux, je n'ai pas trouvé les mots justes pour te dire combien je t'aime et ce que tu représentes pour moi. Il n'y a en fait pas de mot assez fort pour définir mon amour pour toi. Donc aujourd'hui simplement et devant nos familles et amis, je veux te dire que tu es tout pour moi et que je t'aime et que tu es la personne que j'attendais.

Tu es venu me trouver (dans ma cuisine) et tu m'as appris à faire confiance et à me laisser guider. Tu m'as appris à aimer et m'as fait découvrir le véritable sens du mot aimer.

J'ai découvert chez toi un homme au grand cœur avec de vraies valeurs. Tu m'as impressionnée par ta générosité et ta détermination à avancer. Et derrière ce fort caractère, j'ai aussi découvert quelqu'un de sensible, de tendre et de touchant.

Nos valeurs, nos familles, les projets qu'on a construits ensemble nous ont soudés. Tu es mon épaule, mon piler et je ne peux pas me projeter sans toi et je ne vis pas quand tu n'es pas là.

Je te promets d'être toujours à tes côtés pour partager les moments de joie ou de tristesse. Je promets de t'aimer, de te respecter, et de t'encourager à travers les triomphes et les embûches de notre vie à deux. Je m'engage avec Amour et loyauté à partager le reste de ma vie avec toi.

Bebe, you came to my life and you taught me the true meaning of love. You are always here for me to support me, guide me and love me deeply. I love you and I can't project myself/imagine my life without you.

I promise to love you, respect you and support you and I will always be here for you in times of happiness and sorrow.

I am so grateful to have you in my life and I am proud to be your wife.

Vœux de Peter

Sandrine, the first day I saw you in your kitchen the only word that came to my mind was WOW and today looking at you in this beautiful dress I can say WOW again, you simply look stunning.

You have brought so much happiness in my life that you cannot even imagine. You are my biggest strength and you inspire me to be the best person I can be.

Today I become your husband and I promise to
Love you without reservation,
Comfort you in difficult times,
Encourage you to achieve all your goals,
Laugh with you,
Cry with you,
Grow with you,
Have lots of kids with you,
Always be open and honest with you,
And to cherish you for as long as we both shall live.
I LOVE YOU.

Sandrine, le premier jour où je t'ai vue, tu étais dans la cuisine et le premier mot qui m'est venu en tête était "wow".
Et aujourd'hui, en te voyant arriver dans ta belle robe, je repense wow ! Tu es vraiment magnifique.

Tu as apporté plus de bonheur dans ma vie que tu ne peux l'imaginer. Tu es ma plus grande force et tout ce que je fais, et tout ce que je suis, c'est toi qui me l'inspires.

Aujourd'hui, je deviens ton mari et je te promets
de t'aimer sans réserve
de te réconforter dans les moments difficiles
de t'encourager à réaliser tes rêves
de rire avec toi, pleurer avec toi, grandir avec toi

Je te promets aussi d'avoir plein d'enfants avec toi
De toujours rester ouvert et honnête avec toi
Et de te chérir et te placer au-dessus de tout pour tous les jours de notre vie

Je t'aime

J'aimerais demander à Keshav, le frère de Peter, d'apporter les alliances.

Sandrine, place cette alliance sur le doigt de Peter et répète après moi :

Avec cette alliance, je deviens ta femme (...).
Par elle, je te promets mon amour, mon soutien et ma fidélité. (...)
Je te promets de marcher à tes côtés (...) et de construire notre bonheur chaque jour. (...)
Je m'engage à t'aider à réaliser tes rêves (...) et à te soutenir dans les moments difficiles. (...)
Je te choisis pour époux aujourd'hui (...) et, par cette alliance, je suis à toi et tu es à moi. (...)

Peter, place this ring on Sandrine's finger and repeat after me

With this ring, I become your husband (...).
I promise to love you, support you and be faithful to you (...)
I promise to walk beside you (...) and build every moment of happiness with you (...)
I will support your dreams (...) and stand by your side through difficult times. (...)
Today I choose you to be my wife (...) and with this ring, I am yours and you are mine. (...)

Par l'échange de leurs vœux et de leurs alliances, Sandrine et Peter se sont unis entant que mari et femme.

Peter, Sandrine, you have exchanged your vows and rings in front of your families and friends. You have united your lives and can now proudly call each other husband and wife.
May you both live a wonderful life together

Peter, tu peux embrasser la mariée.

VII.4. LA CÉRÉMONIE COURTE DE NASSIME ET DEBORAH

La cérémonie qui suit est un exemple de cérémonie courte. Sa durée totale était de 15 minutes. Il n'y avait ni intervenants, ni rituels. Les messages passés expriment simplement la vision des mariés vis à vis de l'engagement qu'ils prennent l'un envers l'autre. Les mariés se sont tenus debout l'un en face de l'autre pendant toute la durée de la cérémonie.

Cette cérémonie comprend :
- Des mots sur le sens du couple et de l'engagement selon les mariés ;
- Un passage sur les témoins et leur rôle auprès des mariés.

Chères familles, chers amis,

Nous sommes tous réunis en ce magnifique jour pour célébrer l'engagement que Deborah et Nassime prennent l'un envers l'autre. Ils se sont unis à la mairie hier mais ils ont choisi d'échanger leurs vœux et leurs alliances ici, entourés de leurs familles et de leurs amis.

Nous avons peu d'occasions dans nos vies de réunir toutes les personnes qui nous sont chères autour de nous et je sais que pour Deborah et Nassime votre présence ici aujourd'hui est réellement un cadeau. Alors que vous veniez de près ou de loin, merci à tous d'être ici aujourd'hui. Et nous avons également une pensée pour les personnes qui n'ont pas pu être présentes aujourd'hui, notamment Abdelouahed, le père de Nassime.

Deborah, Nassime, vous vous tenez l'un en face de l'autre pour confirmer votre souhait de parcourir cette vie à deux. De construire ensemble, d'évoluer ensemble, de vivre les plus beaux moments et de vous soutenir dans les plus difficiles. Aujourd'hui, par votre union, vous consolidez votre couple et tout ce que vous avez construit ensemble depuis 8 ans.

Comme vous le savez une cérémonie de mariage est un symbole - qui doit être confirmé par un engagement intime et profond. Une union intérieure que seul votre amour peut créer et que seul votre engagement peut maintenir.

Aujourd'hui, devant vos proches et les personnes que vous avez choisies comme témoins, vous faites un choix conscient. Un choix de construire à deux, brique par brique, une relation épanouie et bienveillante. Une relation de confiance et de sincérité, pleine de soutien, de compréhension et d'empathie.

Par votre mariage, vous vous engagez à essayer d'être le meilleur partenaire pour l'autre. Vous vous engagez à vous parler comme des amis, à vous écouter comme des confidents, et à chérir et respecter vos individualités. Vous souhaitez, ensemble, construire un foyer solide et rempli d'amour, une famille unie, heureuse, avec chacun de ses membres épanoui.

Deborah, Nassime, vous avez choisi de sceller votre union devant tous vos proches, et vous leur donnez ainsi une place unique de témoins. Témoins de votre amour, témoins de votre bonheur, témoins de votre engagement. Mais parmi toutes ces personnes, cinq tiennent un rôle particulier : ils sont les témoins de votre mariage.

Vous savez que le mariage n'est pas une journée, il est une vie que vous construisez à deux. Une vie qui sera faite d'évènements joyeux et aussi d'épreuves. Vos témoins sont les personnes sur qui vous pourrez compter pour vous soutenir dans la promesse que vous vous faites aujourd'hui.

J'aimerais donc inviter les témoins à nous rejoindre et à se tenir aux côtés des mariés pour l'échange de leurs vœux.

Les mariés échangent leurs vœux.

Echange des alliances

Vous allez à présent échanger vos alliances. Avant cela, je vous invite à vous regarder dans les yeux en tenant vos mains, et à considérer ce que ces mains représentent pour vous.

Ces mains sont celles de votre partenaire qui vous tiennent aujourd'hui, le jour de votre mariage, et qui vous promettent un amour fort chaque jour, pour le reste de vos vies.

Alexandra, peux-tu nous apporter les alliances ?

L'alliance est un symbole fort. Elle sera le signe extérieur de ce lien que vous créez aujourd'hui par votre mariage. Ces alliances déclareront à toutes les personnes qui vous verront « je suis son mari » et « je suis sa femme ».
Mais elles seront surtout un signe pour vous, un rappel que vous pourrez toujours compter l'un sur l'autre.

Deborah, place cette alliance au doigt de Nassime en symbole de cette promesse que tu lui fais aujourd'hui.
Nassime, place cette alliance au doigt de Deborah en symbole de cette promesse que tu lui fais aujourd'hui.

Deborah, Nassime par l'échange de vos vœux et de vos alliances, vous vous êtes unis en tant que mari et femme.

Nassime, tu peux embrasser la mariée.

LIVRE VIII

Organiser le jour J

La journée de mariage peut passer très vite et chacun se retrouve affairé à différentes tâches, de sorte qu'il n'est plus vraiment possible de prendre de nouvelles décisions. C'est pourquoi il est important d'avoir répondu à toutes les questions en amont. Au-delà du texte de la cérémonie, de la rédaction des vœux et des discours, et du choix des musiques, il y a de nombreux aspects logistiques à prendre en compte.

Dans les pages qui suivent nous allons répondre aux questions suivantes :

- Comment organiser le cortège ?

- Quelles musiques choisir pour sa cérémonie ?
- Quelles vérifications faire côté décoration et matériel ?
- Comment se coordonner avec le DJ pour les musiques de la cérémonie ?
- Que dire aux mariés juste avant la cérémonie ?
- Que dire aux intervenants juste avant la cérémonie ?
- Comment placer les invités ?
- Comment se détendre avant la cérémonie (pour les mariés) ?
- Comment se préparer à la prise de parole (pour l'officiant) ?

VIII.1. COMMENT ORGANISER LE CORTÈGE

Le déroulé d'une cérémonie laïque commence par l'installation des invités et dès que tout le monde est à sa place, c'est au tour du cortège et des mariés de faire leur entrée. La question alors est de savoir qui fait partie du cortège et dans quel ordre chaque personne fait son entrée.

Dans les paragraphes qui suivent, je vous propose un ordre d'entrée pour différentes personnes. Libre à vous de dévier de ce modèle plutôt classique.

Chaque personne qui descend l'allée devrait marcher à une allure relativement lente (sans tomber dans le cliché de la marche robotique) : déplacez-vous comme quand vous déambulez dans un musée ou une exposition et que vous appréciez ce que vous voyez autour de vous.

Il est important aussi de laisser suffisamment d'écart entre les différentes personnes qui se suivent. Une règle simple consiste à attendre que la personne précédente ait terminé de descendre l'allée pour partir à son tour.

Enfin, pensez à vous tenir droit(e) et à profiter du moment : vous avez le droit de sourire aux personnes sur votre passage.

1. LE MARIÉ

Les mariés peuvent bien sûr entrer ensemble main dans la main, mais s'il est prévu que la mariée fasse son entrée en dernier, alors à mon avis, le marié devrait être le tout premier à faire son entrée. Ainsi, il pourra profiter au maximum de ce début de cérémonie et assister à l'arrivée de chaque personne.

Le marié peut descendre l'allée au bras de quelqu'un (sa mère par exemple) ou il peut arriver seul. Dans tous les cas, il n'y a aucune règle et l'ambiance peut être formelle comme détendue.

2. LES MEMBRES DU CORTÈGE

Les personnes qui font partie du cortège sont les personnes mises à l'honneur dans la cérémonie. Le plus souvent, il s'agit des témoins qui peuvent ensuite s'asseoir au premier rang ou se tenir à côté des mariés pendant la cérémonie.

Certains membres de la famille peuvent aussi faire partie du cortège. En particulier lorsque la mariée entre au bras de son père et le marié au bras de sa mère, alors les deux parent restants peuvent descendre l'allée ensemble au sein du cortège.

Bien sûr, il n'y a aucune obligation à constituer un cortège. Certains témoins sont plus à l'aise à simplement être assis avec les invités et parfois les parents des mariés préfèrent ne pas être trop mis en avant.

Enfin, ce cortège devrait avant tout avoir du sens pour vous, alors n'hésitez pas à vous projeter au jour J et imaginer comment vous aimeriez vivre les choses.

3. DES PETITES FILLES D'HONNEUR

S'il y a des petites filles d'honneur (ou des « flower girls » comme le disent les américains), alors leur place est juste avant l'entrée de la mariée. Traditionnellement, elles jettent des pétales de rose au sol, marquant ainsi le chemin qui sera suivi par la mariée. Pour une entrée moins traditionnelle, elles pourront porter un panneau qui dit « la marée arrive » par exemple. Certains abordent cette idée avec humour en choisissant des messages plus décalés tels que : « Il est trop tard pour t'enfuir, car la voilà qui arrive ».

4. LA MARIÉE

La mariée est toujours la dernière à arriver et parfois elle se fait même un peu désirer en laissant la musique jouer quelques dizaines de secondes avant d'apparaître.

Traditionnellement, elle arrive au bras de son père, mais de plus en plus de mariées n'adhèrent pas à cet image du père qui « donne sa fille », et choisissent d'arriver seules. Il arrive aussi qu'une mariée souhaite se faire accompagner par quelqu'un d'autre (frère, témoin, meilleur(e) ami(e)). Encore une fois, tout est possible.

VIII.2. QUELLES MUSIQUES CHOISIR POUR SA CÉRÉMONIE ?

La musique de la cérémonie fait partie de ces détails qui peuvent prendre un temps fou. Alors pour vous aider à trouver les musiques parfaites pour votre cérémonie, je vous décris chaque moment musical dans le détail avec des propositions de musiques qui, selon moi, collent bien.

Pour chaque musique que vous choisissez, pensez à définir le passage qui devra être joué. Parfois, l'entrée des mariés se termine longtemps avant la fin du morceau. En faisant des « tests » et en vous projetant, vous pouvez soit raccourcir l'extrait, soit gérer votre temps de manière différente pour profiter de toute la musique.

1. PENDANT L'INSTALLATION DES INVITÉS

C'est une bonne idée de jouer quelques pistes pendant que les invités s'installent. Vous pouvez ainsi choisir une ambiance. De plus, quand vous souhaiterez démarrer la cérémonie, il suffira de couper la musique pour que les invités comprennent qu'il se passe quelque chose.

Les musiques suivantes offrent différentes ambiances pour l'installation des invités :

- Just the two of us – Grover Washington
- Love – Nat King Cole
- Come away with me – Norah Jones
- Je vais t'aimer – Louane
- Il nous faut – Elisa Tovati et Tom Dice

2. POUR L'ENTRÉE DES MARIÉS ET DU CORTÈGE

Selon la longueur de l'allée, une personne mettra entre 20 et 45 secondes à la descendre. Il peut donc être intéressant d'avoir une musique entière pour le marié et le cortège, et ensuite un second morceau pour la mariée.

Musiques pour le marié et le cortège :

- Yours – Russel Dickerson
- Somewhere over the rainbow
- Die a happy man – Thomas Rhett
- Je fais de toi mon essentiel – Emmanuel Moire
- One call away – Charlie Puth
- I can't help falling in love with you – Elvis Presley

- Je t'aimais, je t'aime et je t'aimerai – Francis Cabrel
- I think I wanna marry you – Bruno Mars
- Just the way you are, version acoustique – Bruno Mars
- I won't give up – Jason Mraz

Pour l'entrée de la mariée :

- La vie en rose – différentes reprises modernes
- A thousand years – Christina Perri
- Portuguese love theme – bande originale de Love Actually
- There is no place like home – Bande originale de Lost
- Over and over again – Nathan Sykes et Ariana Grande
- Entry of the Bride – Wedding Classics: Wedding Marches
- Here Comes the Bride (version acoustique à la guitare)
- What a Wonderful World – Louis Armstrong
- River flows in you – Yiruma
- La bande originale d'intouchable
- Somewhere only we know – une version instrumentale

3. PENDANT L'ÉCHANGE DES VŒUX

Un morceau instrumental en arrière-plan de l'échange des vœux peut faire un très bel effet. De plus, la musique permet de faire des pauses plus longues pendant la lecture des vœux et de donner ainsi plus de temps à chacun pour bien entendre les phrases et les imprimer dans son esprit.

Je conseille de choisir un morceau instrumental, sans paroles. Par exemple un piano seul ou une guitare. Le morceau River flows in you de Yiruma, cité plus haut, collerait par exemple très bien.

La musique devrait être lancée juste avant que le premier commence à lire ses vœux et se répéter autant de fois que nécessaire jusqu'à la fin des deuxièmes vœux. A la toute fin, le DJ baisse progressivement le son pour que la musique s'efface discrètement.

Attention, cette option est à proscrire si un vidéaste filme votre cérémonie. En effet, le montage sera très compliqué pour lui s'il y a une musique de fond. Il vaudra mieux qu'il ajoute une musique au montage.

4. A LA FIN, SUR LE BAISER

A la fin de la cérémonie, l'officiant invite les mariés à s'embrasser. Dans l'idéal, au moment où les lèvres se touchent, une musique est lancée.

Pour la musique de fin, j'ai toujours une préférence pour un morceau joyeux qui annonce les festivités qui vont suivre :

- Don't stop believing – Vitamin String Quartet
- Hold my hand – Jess Glynne
- First day of my life – Bright eyes
- Ho Hey – The Lumineers
- Tout le Bonheur du monde – Sinsemilia
- Crazy in love – Beyoncé et Jay Z
- Can't stop the feeling! – Justin Timberlake
- Happy – Pharrell Williams

Je ne recommande pas particulièrement de mettre une musique pour l'échange des alliances (qui en soi est un geste qui ne dure que quelques secondes).

Certains mariés choisissent de faire un interlude musical (un peu comme à l'église). Selon moi, ce n'est pas nécessaire, mais je peux comprendre l'attrait. J'ai notamment célébré un mariage pour lequel le couple avait choisi un groupe de Gospel : la cérémonie a donc été rythmée par Oh Happy Day et Ain't No Mountain High Enough, ce qui était très sympa aussi.

Côté pratique, il est nécessaire d'avoir une personne chargée de lancer les morceaux au bon moment. Idéalement, vous confiez ce rôle au DJ avec la sonorisation de la cérémonie. S'il ne peut pas s'en charger, alors confiez cette mission à un proche qui arrivera suffisamment tôt pour faire des tests, et qui n'aura pas d'autre mission pendant la cérémonie.

VIII.3. QUELLES VÉRIFICATIONS FAIRE CÔTÉ DÉCORATION ET MATÉRIEL ?

Avant le jour J, vous aurez préparé une liste de tout ce qui doit se trouver sur place au moment de la cérémonie :

- Le matériel pour le / les rituels symboliques ;
- Les éléments de décoration (notamment les bouts de rang) ;
- Les programmes / livrets de cérémonie ;
- Les pétales de rose, bulles, confettis ou autres ;
- Les chaises des mariés (sont-elles placées comme ils le souhaitaient ?) ;
- Le porte-alliances ;
- Le pupitre ;
- Les cartons pour indiquer les places réservées…

Assurez-vous que tout est en place avant que les invités commencent à s'installer, et n'hésitez pas à demander de l'aide si quelque chose semble égaré.

VIII.4. COMMENT SE COORDONNER AVEC LE DJ POUR LES MUSIQUES DE LA CÉRÉMONIE ?

Lorsque vous arrivez sur le lieu de la cérémonie, le DJ aura normalement déjà installé la sonorisation et fait ses tests son (les DJ arrivent très tôt pour tout installer). Allez à sa rencontre pour lui proposer de :

- Vérifier que vous avez les mêmes musiques pour les différents moments,

- Vous mettre d'accord sur le moment exact pour lancer les morceaux (après telle phrase, après tel échange de regard…),

- Faire un test de micro si besoin : ça vous donnera l'occasion de vous entraîner à porter le micro si vous n'êtes pas habitué(e).

La fiche en page suivante vous aidera à préparer ce briefing. Vous pouvez même la remettre au DJ pour qu'il s'appuie dessus.

BRIEFING À REMETTRE AUX ORGANISATEURS
DJ, Responsable du cortège, officiant...

Musiques d'ambiance pendant que les invités s'installent :

- _____
- _____
- _____
- _____
- _____
- _____

Repère : dernière phrase du préambule de l'officiant

_____

_____

_____

Musique(s) pendant l'entrée du cortège et des mariés :

1. Entrée de _____ sur _____

2. Entrée de _____ sur _____

3. Entrée de _____ sur _____

4. Entrée de _____ sur _____

5. Entrée de _____ sur _____

Musique pendant l'échange des vœux :

- _____

Repère : dernière phrase de la cérémonie

_____

_____

_____

Musique pour le baiser à la fin :

_____

VIII.5. QUE DIRE AUX MARIÉS JUSTE AVANT LA CÉRÉMONIE ?

Il y a des chances que vous ne voyiez pas les mariés juste avant la cérémonie, mais si c'est le cas, ça sera l'occasion de les apaiser avec un sourire et une phrase positive. Évitez les « Alors, nerveux ? » ou « J'ai vu ta femme tout à l'heure, elle était stressée ».

Au contraire, félicitez-les. Dites-leur que tout est prêt, demandez-leur comment ils se sentent avec un sourire chaleureux.

Ne pressez personne. Le timing compte, certes, mais le bien-être de chacun est plus important. Des mariés en retard seront stressés, alors dites-leur (quitte à ce que ce ne soit pas vrai), que les gens ne voient pas le temps passer et qu'ils peuvent prendre le temps dont ils ont besoin.

Vous l'aurez compris, votre rôle est d'être la force tranquille et positive.

VIII.6. QUE DIRE AUX INTERVENANTS JUSTE AVANT LA CÉRÉMONIE ?

Inutile de passer des instructions trop tôt, ce briefing des intervenants peut se faire juste avant la cérémonie.

Les indications à leur donner sont simples :

- Avez-vous bien votre discours (j'ai une copie de secours) ;
- Je vous appellerai explicitement pour votre discours ;
- Pensez à bien parler dans le micro ;
- A la fin de votre discours, n'hésitez pas à embrasser les mariés ;
- Installez-vous en bout de rangée pour pouvoir vous lever et vous rasseoir facilement.

VIII.7. COMMENT PLACER LES INVITÉS ?

Surtout, ne vous embêtez pas à donner des places précises à chacun pour la cérémonie. Avoir un côté pour chaque famille ne se fait presque plus, laissez-les se mélanger, après tout, c'est un jour d'union !

Si vous souhaitez réserver des places à l'avant, ne le faites pas nominativement. Vous pouvez simplement placer un carton qui dit « réservé parents / témoins » par exemple.

Il est aussi possible de proposer à vos témoins (ou garçons et demoiselles d'honneur) de se tenir à vos côtés pour la cérémonie. Certains mariés souhaiteront les avoir auprès d'eux tout le long de la cérémonie. D'autres les inviteront simplement à les rejoindre pour l'échange des vœux et des alliances. Dans les exemples de cérémonie au Livre VII, je vous donne des exemples de textes pour faire participer les témoins et les inviter à se tenir à vos côtés.

Lorsque les témoins viennent rejoindre les mariés, et surtout s'ils sont nombreux, pensez à les positionner les uns à côté des autres. L'officiant fera attention qu'ils soient bien alignés et le photographe sera reconnaissant.

VIII.8. COMMENT POSITIONNER LES MARIÉS ?

Vous avez peut-être en tête l'image du couple assis côte à côte face au maire lui-même derrière une table. Vous visualisez aussi la scène de l'église, les futurs époux alternativement assis et debout côte à côte devant l'autel, face au prêtre. Ne vous sentez pas obligés de reproduire ce schéma. Pour une cérémonie chaleureuse et émouvante, placez-vous de manière à voir vos invités.

Vous pouvez prévoir une arche centrale sous laquelle vous tenir pour l'échange de vos vœux, et des chaises légèrement de biais, face à vos invités, sur un des côtés de l'arche.

Ainsi, selon les moments de la cérémonie, vous pourrez choisir de vous lever ou de vous asseoir. Prévoyez ces moments avec votre officiant, et faites-lui part de vos souhaits de disposition afin qu'il / elle puisse s'assurer que les chaises sont correctement positionnées avant votre arrivée.

VIII.9. FAIRE UN FIRST-LOOK : SE DÉTENDRE AVANT LA CÉRÉMONIE (POUR LES MARIÉS)

Le « first look » (premier regard en anglais) vous en avez déjà entendu parlé ? C'est le moment où les mariés se découvrent pour la première fois. Traditionnellement, ce premier regard a lieu au moment où la mariée apparaît au bout de l'allée à la cérémonie, mais de plus en plus de mariés choisissent de se voir avant la cérémonie.

Dans ce cas, afin de ne rien laisser au hasard, certains mariés organisent un « first look » avec leur photographe. Ce first-look permet de se découvrir et de créer un moment à deux juste avant la cérémonie. Ainsi, lorsque vous ferez votre entrée, vous vous sentirez déjà en lien et serez plus sereins. Surtout si vous êtes le type de personnes qui n'aime pas particulièrement être au centre de l'attention, le fait de vous découvrir avant la cérémonie en toute intimité vous rappelle que vous êtes ensemble pour cette journée, que ce n'est pas un show mais que vous marquez un moment de votre vie, main dans la main. Et aussi, ça vous donne un moment rien qu'à vous deux, chose qui sera étrangement rare pour le reste de la journée.

Le fait de vous être vus avant la cérémonie ne vous fera pas vous sentir indifférent au moment de descendre l'allée. La surprise de découvrir l'autre est une chose. Le fait de se dire « ça y est c'est le moment qu'on attendait » en est une autre.

Concrètement, c'est le photographe qui coordonne le first Look. L'un de vous devra se placer sur le lieu du first look, le dos tourné. Le photographe donnera le signal de départ à votre moitié et, au moment opportun, il vous invitera à vous faire face afin de capturer ce premier regard.

VIII.10. SE PRÉPARER À LA PRISE DE PAROLE (POUR L'OFFICIANT)

Pour beaucoup de personnes, il n'est pas évident et naturel de prendre la parole devant une assemblée. Même pour ceux rodés à l'exercice dans le cadre professionnel, animer une cérémonie dans un cadre privé peut devenir un vrai challenge. Ressentir un peu de stress et d'adrénaline n'est pas une mauvaise chose. C'est même bon signe : ça signifie que ce rôle vous tient à cœur. Mais un peu de préparation vous aidera à vous sentir plus à l'aise au moment de la cérémonie.

1. Sachez que vous pourrez vous reposer sur votre texte

Même si vous ne voulez pas vous cacher derrière vos feuilles, le fait de suivre le texte vous apportera une solide béquille en cas de trac. Plus vous répéterez, plus il sera facile pour vous de vous situer dans le texte et de retrouver vos mots. Un officiant n'est pas tenu de connaître tout son discours par cœur : ce qui compte, c'est d'être présent. Alors oui, lire le moins possible est idéal mais ce qui compte c'est d'être dans le don et de transmettre son message.

2. N'hésitez pas à inscrire des notes en marge

Sur mes cérémonie imprimées, je gribouille plein de choses : je surligne des passages, j'écris « RALENTIR » à certains endroits (ceux où je vois que j'accélère pendant mes répétitions), je note aussi parfois « regarder les mariés ».

Ces notes sont là pour m'aider le jour J. Vous pouvez aussi vous écrire un petit texte d'encouragement à la main juste avant vos premières lignes «Je suis zen, je me suis bien préparé(e), je vais transmettre une énergie positive… ».

3. Donnez-vous un moment avant la cérémonie pour respirer et vous ancrer dans le sol

Les quelques exercices qui suivent vous sortiront de votre tête et vous ramèneront dans le moment présent.

Juste avant la cérémonie, asseyez-vous dans un endroit tranquille où vous ne serez pas interrompu(e) et commencez par une longue expiration : vos poumons s'ouvriront naturellement pour permettre à beaucoup d'air d'entrer à l'inspiration. Continuer à vous concentrer sur des expirations longues et profitez de chaque inspiration. Gardez les jambes décroisées et les épaules bien baissées. Tous vos muscles doivent être détendus.

Ensuite, levez-vous et sentez bien vos pieds sur le sol. Imaginez que, comme un arbre, des racines sortent de vos pieds pour se planter dans la terre. Vous vous sentez stable et serein(e).

Si vous sentez que vous avez besoin de gagner en confiance, adoptez le « Power Posing » conseillé par Amy Cuddy, psychologue américaine : prenez une posture de « puissance » pendant 2 minutes (mains derrière la tête, bras ouverts tendus vers le ciel comme si vous vous étiriez, mains sur les hanches façon « who run the world ? », …). Occupez l'espace ! L'étude menée par cette psychologue américaine, professeur à Harvard, montre que chez les personnes ayant adopté ce type de pose pendant le temps indiqué, une diminution de près de 25% du cortisol (hormone du stress) s'observe. Chez les personnes ayant adopté une pose « renfermée » l'augmentation du cortisol atteint les 15%. Vous avez donc la solution pour opérer les changements hormonaux nécessaires à l'activation des zones de confiance dans votre cerveau.

4. Restez bienveillant(e) envers vous-même

La cérémonie est avant tout un moment humain. Seules la sincérité et l'authenticité toucheront les personnes présentes, alors écartez de votre esprit toute idée de « show » ou de « performance ».

Les larmes montent ? Prenez le temps de respirer et n'hésitez pas à avouer à voix haute « je suis ému(e) ». Le meilleur moyen de se libérer d'une émotion, c'est de la laisser s'exprimer.

A photocopier
LA TO-DO DE L'OFFICIANT(E)

LA VEILLE

- Imprimer l'ensemble des textes de la cérémonie :
  - Discours de l'officiant,
  - Discours des intervenants,
  - Vœux des mariés ;
- Placer les textes dans un lutin ou un classeur qui peut facilement rester ouvert (s'il est posé sur un pupitre) ;
- Rassembler le matériel des rituels si c'est l'officiant(e) qui en a la responsabilité.

1H AVANT LA CEREMONIE

- Vérifier que tout le matériel nécessaire est présent sur le lieu de la cérémonie (décoration, objets pour le rituel, livrets de cérémonie, pétales de roses…) ;
- Vérifier que la disposition des chaises des mariés correspond à leur demande (le décorateur n'est pas toujours au courant) ;
- Faire un point avec le DJ, lui remettre son briefing et faire un test micro si besoin ;
- Avoir 30 minutes à soi avant le début de la cérémonie, sans aucune autre responsabilité, pour respirer et relire la cérémonie.

JUSTE AVANT LA CEREMONIE

- S'assurer que les alliances sont entre les bonnes mains (si c'est un enfant qui apporte les alliances, les confier à un adulte briefé sur le déroulement).

- Faire un dernier point avec le cortège et les mariés pour leur entrée et vérifier qu'il y a suffisamment de chaises vides réservées à l'avant pour les membres du cortège.

A PROPOS DE L'AUTEUR

Claire Bay a créé le blog Une Belle Cérémonie en 2013, un blog entièrement dédié aux cérémonies de mariage. En tant qu'officiante, elle a créé et célébré un très grand nombre de cérémonies en France et à l'étranger. En 2014, elle a publié le guide « Les Vœux de mariage » dans lequel elle a réuni tous les conseils qu'elle donnait alors aux futurs mariés pour exprimer au mieux leur amour et leur engagement. En 2015, elle publiait « Lectures et discours de cérémonie », un livre destiné aux proches qui devaient prendre la parole au cours d'une cérémonie de mariage. Son blog Une Belle Cérémonie est devenu un site de référence pour tous les couples qui cherchent à imaginer et préparer la plus mémorable des cérémonies de mariage.

Made in United States
North Haven, CT
02 April 2023

34880631R00134